英治あかり

スピリチュ
否定派の私
旅に出て
プロのヒーラーになった話。

〜修行編〜

ぶんか社

Contents

こんにちは
旅人で
ヒーラーで
漫画家の
英《えい》治《ち》あかりです
セラピストでもあります
ヌイチャンです
仲良しのぬいぐるみ

1 タイ寺修行のススメ

ヒーラーとは
「気」で人を癒やす職業のことです
ぽわ
もともとはスピリチュアル否定派だった私ですが
全部あなたの前世が悪いっ
エー
元上司のスピハラ※がトラウマ
※スピリチュアルハラスメント
旅に出て

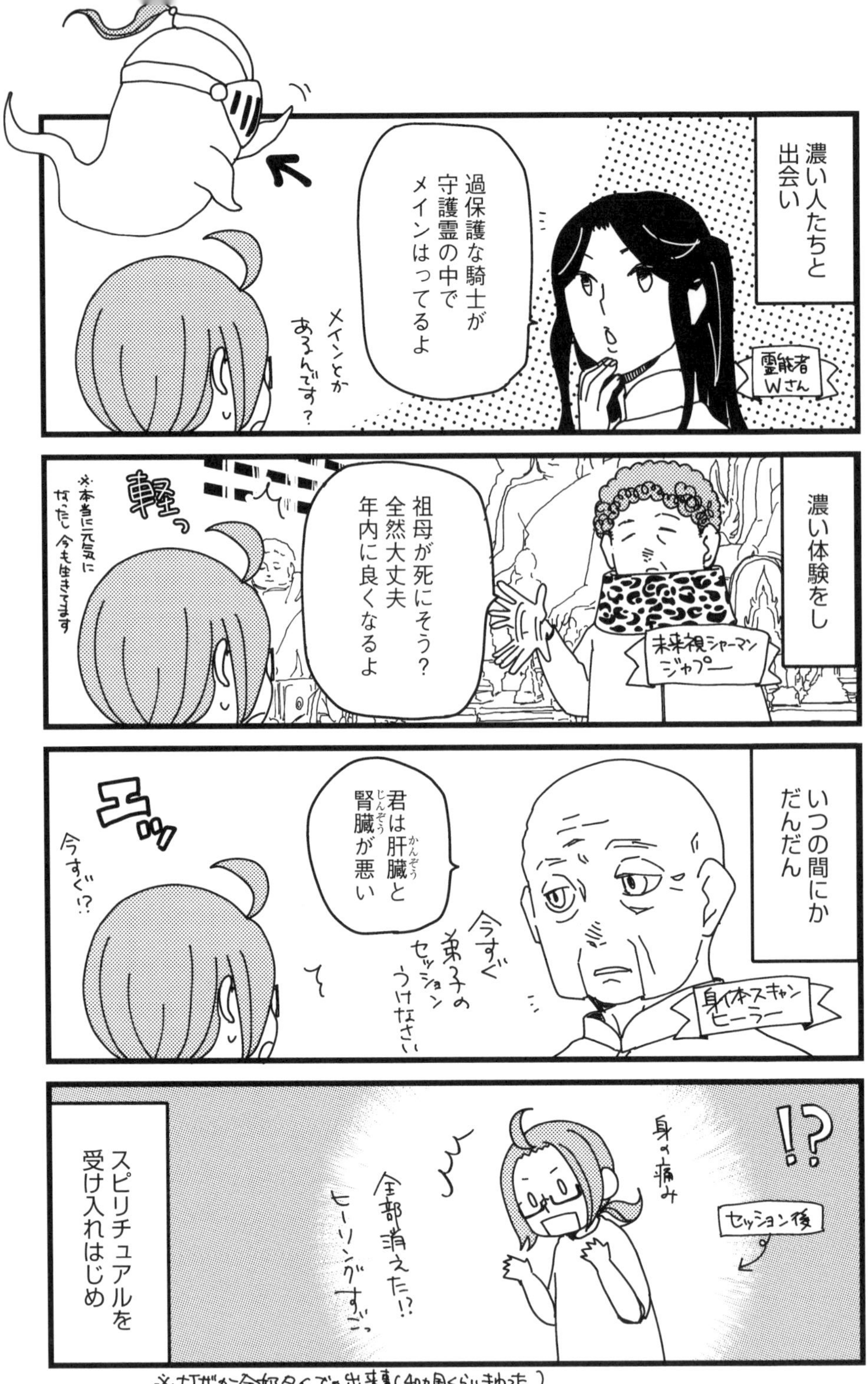
濃い人たちと出会い
霊能者Wさん
過保護な騎士が守護霊の中でメインはってるよ
メインとかあるんですか?
濃い体験をし
未来視シャーマンジャプー
祖母が死にそう?全然大丈夫年内に良くなるよ
軽っ
※本当に元気になりました 今も生きてます
いつの間にかだんだん
身体スキャンヒーラー
今すぐ弟子のセッションうけなさい
君は肝臓《かんぞう》と腎臓《じんぞう》が悪い
エッ
今すぐ!?
スピリチュアルを受け入れはじめ
!?
セッション後
身の痛み
全部消えた!?
ヒーリングすごっ

※なぜか全部タイでの出来事(40カ国くらいまわった)

興味が出てしまい
タイのお寺のレイキ修行コースに参加することに
ジャフーさんのいろトロロ
詳しくは発売中のスピ旅無印を読んでね！
スピリチュアル否定派の私が、旅に出てプロのヒーラーになった話。
スピリチュアル否定派の私が旅に出てプロのヒーラーになった話
新も電子も発売中!!
ここで過ごすうちにレイキが出るようになり
なんじゃコリャ——っ
※レイキとは宇宙のエネルギーで最もポピュラーなヒーリングのことです。
アワワ
悪魔を祓《はら》ったり
ビビビビ
吸!?
吸って!?
Wさん
ちゃんとひじから悪魔吸えてるよ！
自分だけのマントラを
手に入れ…られなかったり
何もおりて来ないので某ゲームの回復呪文を唱えている

※10B《バーツ》＝約35〜40円(2022年４月現在)

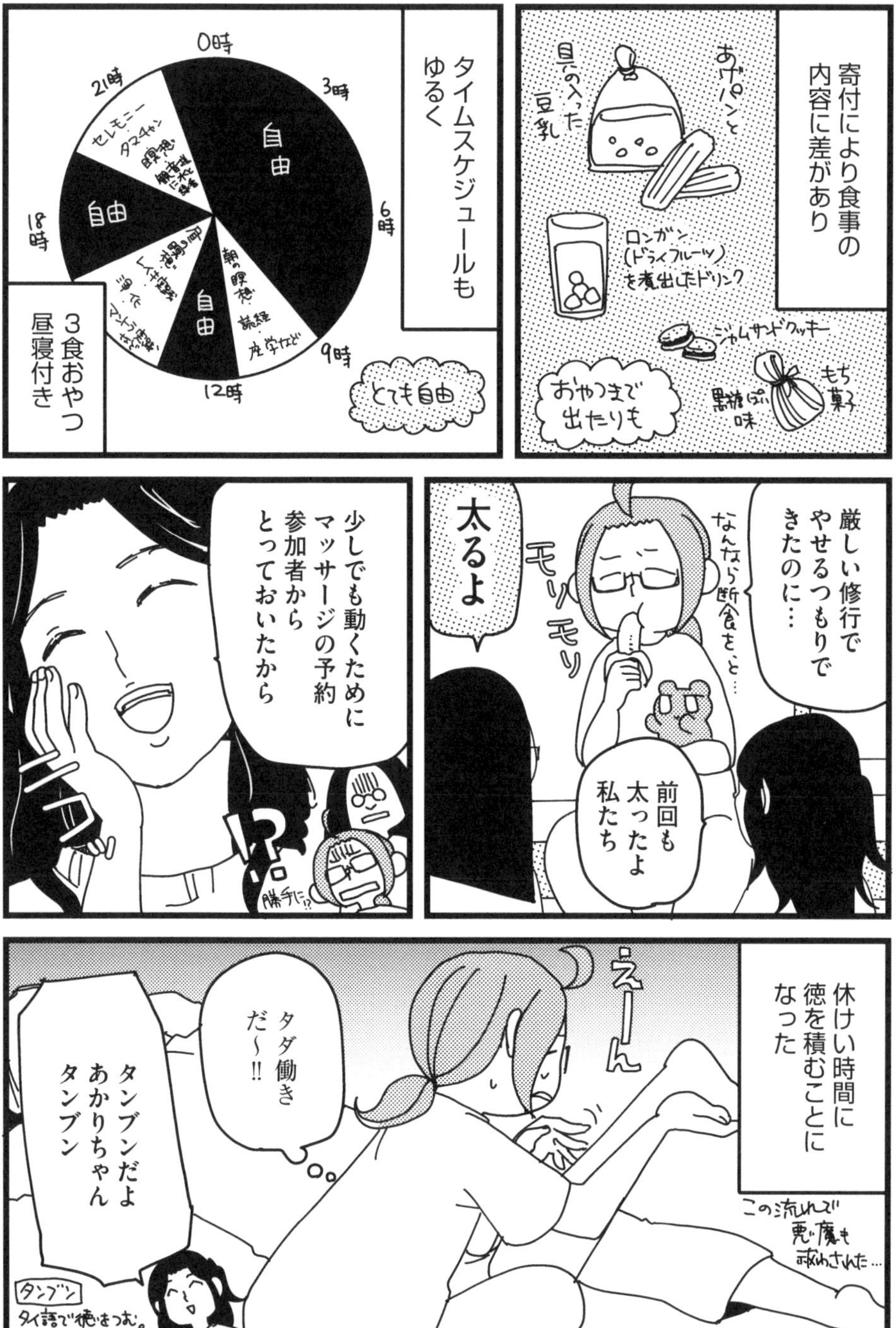

寄付により食事の内容に差があり
あげパンと
具の入った豆乳
ロンガン（ドライフルーツ）を煮出したドリンク
ジャムサンドクッキー
もち菓子
黒糖っぽい味
おやつまで出たりも
タイムスケジュールもゆるく
0時
3時
6時
9時
12時
18時
21時
自由
朝の瞑想・読経・座学など
自由
昼の瞑想・レイキ実践・浄化・マントラ実践など
自由
セレモニー・タマチャン
とても自由
3食おやつ昼寝付き
厳しい修行でやせるつもりできたのに…
なんなら断食を、と…
モリモリ
太るよ
前回も太ったよ私たち
少しでも動くためにマッサージの予約参加者からとっておいたから
!?
勝手に!?
休けい時間に徳を積むことになった
え～ん
タダ働きだ～!!
タンブンだよあかりちゃんタンブン
この流れで悪魔も祓われた…
タンブン
タイ語で徳をつむ。

修行は基本的に
読経《どっきょう》と瞑想《めいそう》と
浄化《じょうか》がメイン
ナモタサ パカワト
サマ サンブッダサ
ナモタサ パカワト
タイ語だと思ってたらサンスクリット語だった
読経は書いてある
お経を読み上げる
スタイルと
タヴィがいうのを
マネするスタイル
がある
カッパブッダ チャーオ
リピートアフターミー
カッパ ブッタ チャーオ
瞑想はまず
頭を空っぽに
して行う
サイサンヤーナと
ずっと心の中で
唱えながら
瞑想することで
英語だし スピ用語だし 基本的に よくわからん説明
カルマ浄化瞑想
サイサンヤーナ
サイサンヤーナ
サイサンヤーナ
サイサンヤー
前世の悪い
カルマを解消して
今世に良いカルマを
呼び入れます
サイサンヤーナ
サイサンヤーナ
サイサンヤーナ
いやぁ
災難やなぁ
誰!?
瞑想の時に
どうでもいい
イメージが
わきがち
!?
そしてだいたい
ジャプーに
バレる
あかり
瞑想中に
よけいなこと
考えるなって
ジャプーが
ガーン
バレテーラ

基本毎晩ジャプーのセレモニーがあり
未来視の前に生徒の頭にマントラをかいてくれる
相談がない場合は瞑想タイム
悪魔やおばけが憑《つ》いている人がいたらジャプーの指示で
タマチャンという浄化の儀式をする
← 仏像にひもをつなげる
読経に参加する。
観音像に水とお線香を捧げ
毎晩ねる前にやる
ナモタサ
パカワト
ザブ
セレモニー後は好きな時間に寝て良い
1人1テントで快適!
別料金で近所の民家にホームステイもできる。
1日目と2日《ふつか》目の昼にはロウソクを使った浄化の儀式
手のひらにロウソクをたらしてマントラが終わったら火を吹き消します
コレをくり返すヨ
ひとりSM!?
両手ともやる
ハイダップサンルイターンサンヤー
あちっ
手を火と風で浄化するとレイキが出やすくなるらしい…
へ~…ってやってないんかい
私はあつすぎてムリ
だからレイキでない

白いカベを背景に相手の首あたりをみるといいそうです。

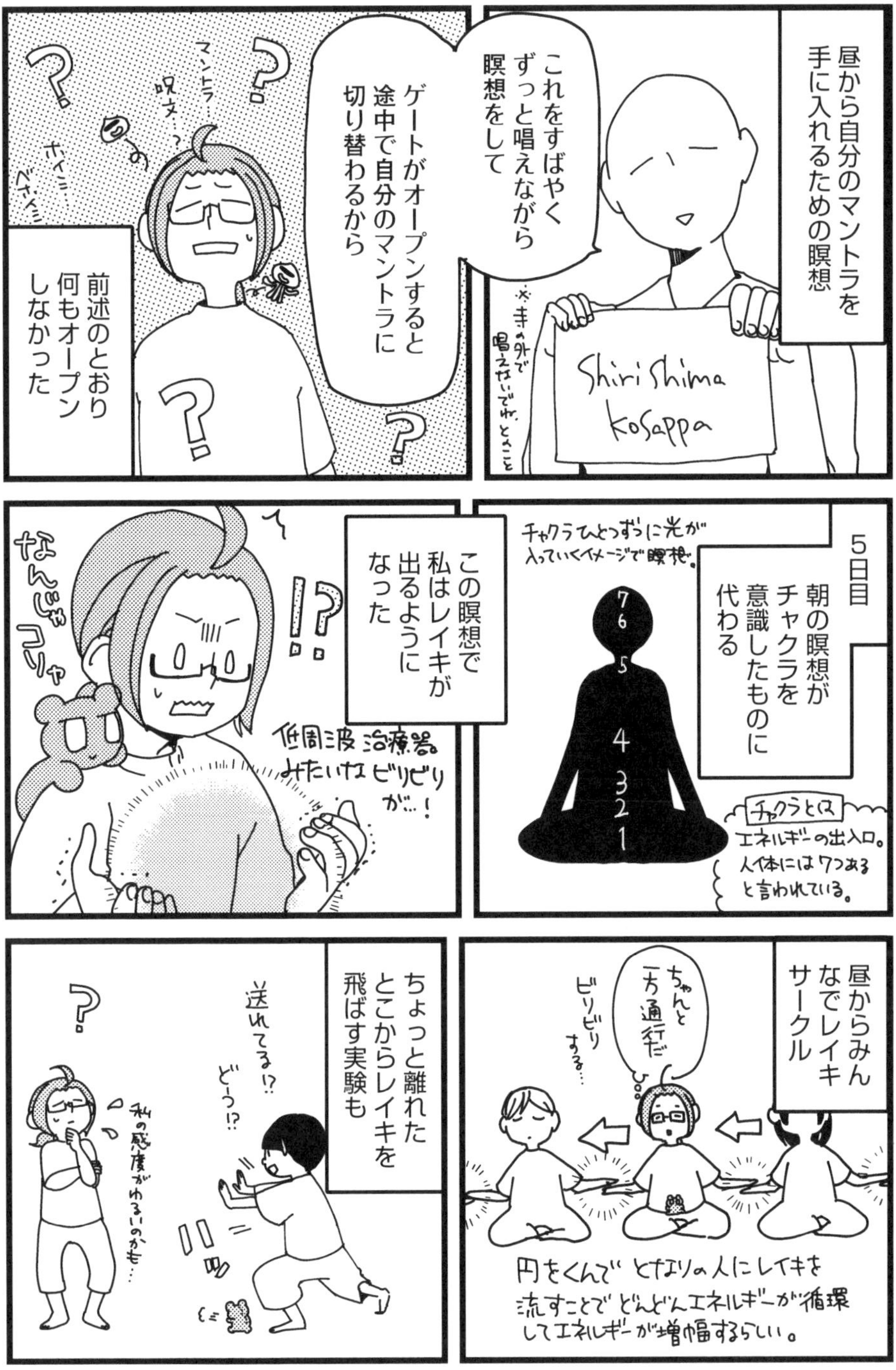
昼から自分のマントラを手に入れるための瞑想
これをすばやくずっと唱えながら瞑想をして
Shirishima kosappa
※寺の外で唱えないでね、とのこと
ゲートがオープンすると途中で自分のマントラに切り替わるから
マントラ…呪文…？
ホイ…ベイベイ…
前述のとおり何もオープンしなかった
5日目
朝の瞑想がチャクラを意識したものに代わる
チャクラひとつずつに光が入っていくイメージで瞑想。
7
6
5
4
3
2
1
チャクラとは
エネルギーの出入口。人体には7つあると言われている。
この瞑想で私はレイキが出るようになった
!?
なんじゃコリャ
低周波治療器みたいなビリビリが…！
昼からみんなでレイキサークル
ちゃんと一方通行だ
ビリビリする…
円をくんでとなりの人にレイキを流すことでどんどんエネルギーが循環してエネルギーが増幅するらしい。
ちょっと離れたとこからレイキを飛ばす実験も
送れてる!?
どう!?
?
私の感度がゆるいのかも…

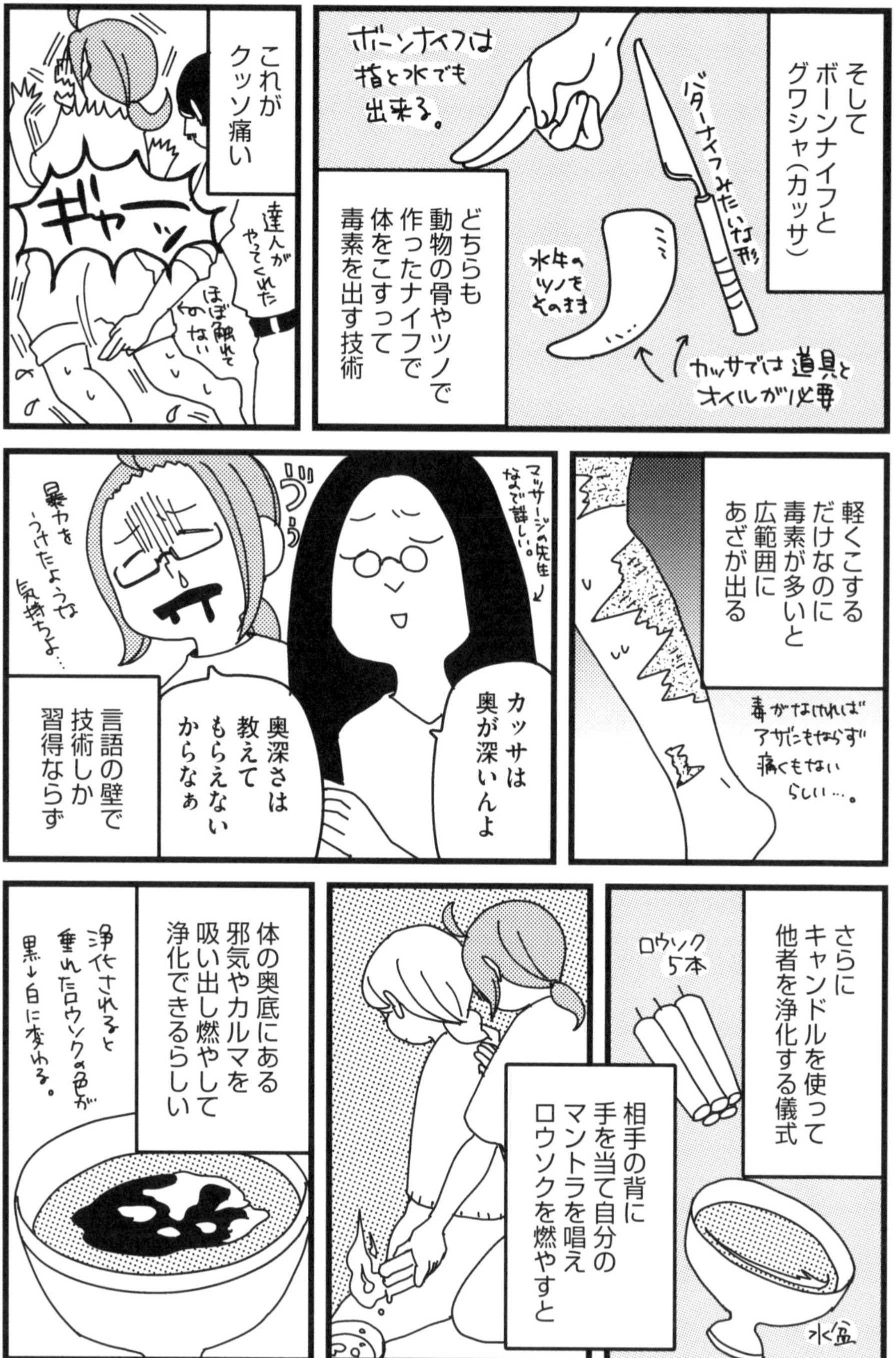
そして
ボーンナイフと
グワシャ（カッサ）
バターナイフみたいな形
水牛のツノをそのまま
カッサでは道具とオイルが必要
ボーンナイフは指と水でも出来る。
どちらも
動物の骨やツノで
作ったナイフで
体をこすって
毒素を出す技術
これが
クッソ痛い
ギャーッ
達人がやってくれた
ほぼ触れてない
軽くこする
だけなのに
毒素が多いと
広範囲に
あざが出る
毒がなければアザにもならず痛くもないらしい…。
マッサージの先生など詳しい。
カッサは
奥が深いんよ
ぐぅ
暴力をうけたような気持ちよ…
奥深さは
教えて
もらえない
からなぁ
言語の壁で
技術しか
習得ならず
さらに
キャンドルを使って
他者を浄化する儀式
ロウソク5本
水盆
相手の背に
手を当て自分の
マントラを唱え
ロウソクを燃やすと
体の奥底にある
邪気やカルマを
吸い出し燃やして
浄化できるらしい
浄化されると垂れたロウソクの色が黒↓白に変わる。

いんちきマントラでもなぜか出来た。

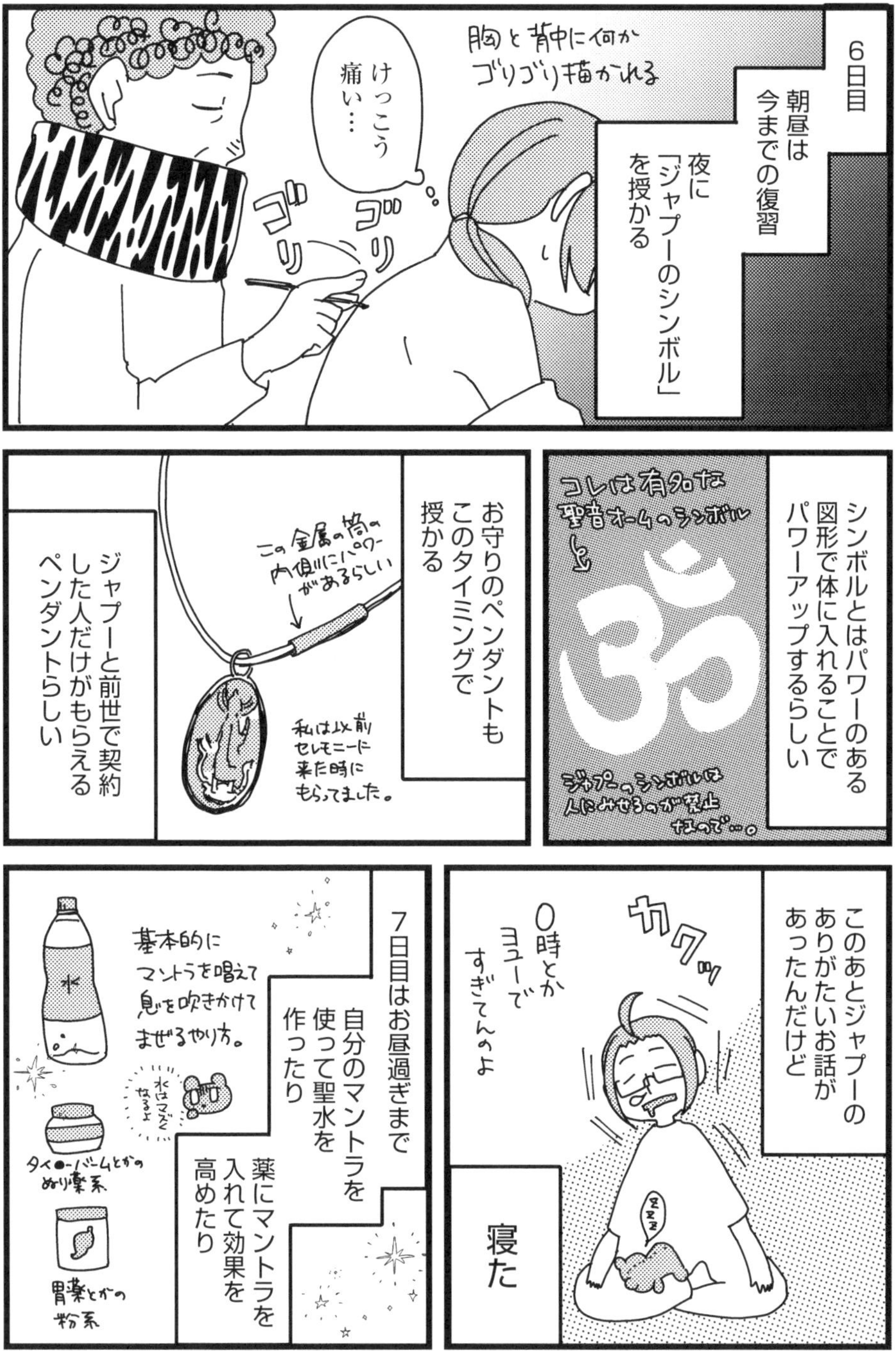
6日目
朝昼は今までの復習
夜に「ジャプーのシンボル」を授かる
胸と背中に何かゴリゴリ描かれる
けっこう痛い…
ゴリ
ゴリ
シンボルとはパワーのある図形で体に入れることでパワーアップするらしい
コレは有名な聖音オームのシンボル
ジャプーのシンボルは人にみせるのが禁止なので…。
お守りのペンダントもこのタイミングで授かる
この金属の筒の内側にパワーがあるらしい
私は以前セレモニーに来た時にもらってました。
ジャプーと前世で契約した人だけがもらえるペンダントらしい
このあとジャプーのありがたいお話があったんだけど
カクッ
0時とかヨユーですぎてんのよ
寝た
7日目はお昼過ぎまで
自分のマントラを使って聖水を作ったり
薬にマントラを入れて効果を高めたり
基本的にマントラを唱えて息を吹きかけてまぜるやり方。
水
水はマズくなるよ
タイ●ーバームとかのぬり薬系
胃薬とかの粉系

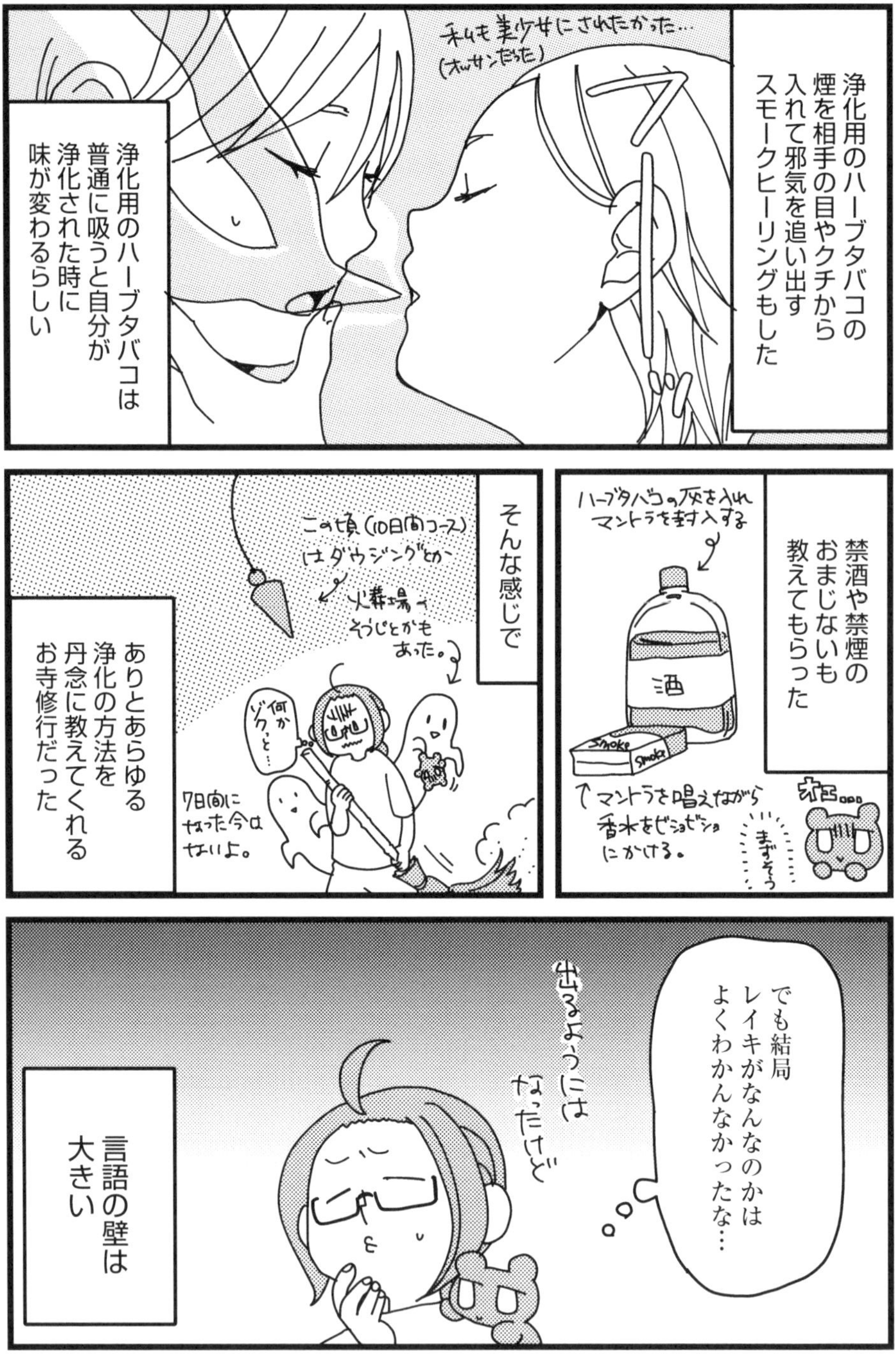
浄化用のハーブタバコの煙を相手の目やクチから入れて邪気を追い出すスモークヒーリングもした
私も美少女にされたかった…
(オッサンだった)
浄化用のハーブタバコは普通に吸うと自分が浄化された時に味が変わるらしい
禁酒や禁煙のおまじないも教えてもらった
ハーブタバコの灰を入れマントラを封入する
酒
smoke
↑マントラを唱えながら香水をビショビショにかける。
まずそう
オエ…
そんな感じで
この頃（10日間コース）はダウジングとか
火葬場のそうじとかもあった。
何かゾクッと…
7日間になった今はないよ。
ありとあらゆる浄化の方法を丹念に教えてくれるお寺修行だった
でも結局レイキがなんなのかはよくわかんなかったな…
出るようにはなったけど
言語の壁は大きい

前回までのあらすじ
タイのお寺で修行したらレイキが出るようになった
レイキとは 宇宙のエネルギーで最もポピュラーなヒーリングのこと
お寺ではガンの人のリラクゼーションとして使ったりしたもの…
でもちゃんとした使い方はよくわからないのよ

2 レイキを使おう学ぼう

改めて日本人から習おうよ! チェンマイにR子さんていうすごいレイキの先生がいるらしいよ!
ガンも治せるヒーラーって聞いた!!
霊能者Wさん
悪気のないヤバイ人。
えっ

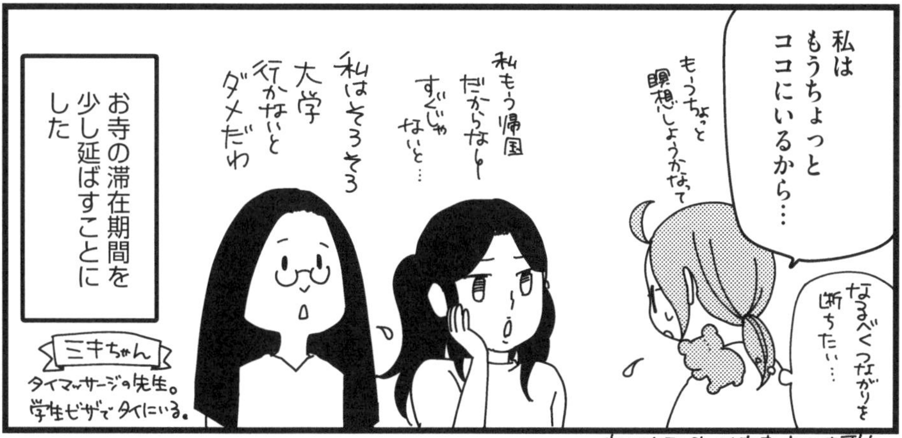
私はもうちょっとココにいるから…
もうちょっと瞑想しようかなって
なるべくつながりを断ちたい…
私もう帰国だからなぁ すぐじゃないと…
私はそろそろ大学行かないとダメだわ
お寺の滞在期間を少し延ばすことにした
ミキちゃん
タイマッサージの先生。学生ビザでタイにいる。

修行クラス外でもお寺滞在は可能。

お寺には病院にいけない貧しい人々が救いを求めてやってくるので
私はケアのお手伝いをすることに
レイキ
未来視ヒーラージプシーが施術方法の指示を出す
ココ アテル
ハイハイ
レイキマスターのスーヤックさんがヒーリングの指示を出す
自分でレイキが必要な部位を判断する方法ないのかなぁ
指示通りの部位に指示通りの時間あてている
次の日
レイキを試したい？
もちろんいいよ！
もっと瞑想をしたくてお寺に残った修行者
うれしい
やって!!
ありがとう

触られたくないトコとかある？
全身大丈夫！
最初に表面だけみるね
いやな感じがしたらいってね
ススススススス
ソッ…
まず頭…
悪魔とかガンがある人と違ってビリビリしないいな
スッ
パッ
お
おぉ
ある程度当てると自動で手が離れるような…？
レイキが終わった合図なのかな

胸からなかなか
手が離れないな
左手だけ
おなかに
きちゃったな
ん?
モヤ…
なんか
しみこんでる
ジュワ〜
胸とお腹《なか》に
どんどん何か
温かいのが
入ってく感じする…
エネルギー
足りないのかねぇ
受ける側も
体感あるんか
すごいわ
あかり!
体の痛いトコが
全部なくなったわ!
スッキリ!!
マジで

私も初めてのひとりレイキセッションだったけどいろいろ学べて良かった
どこにどれだけ手をあてればいいとか…
初めて!?
!?
えっ
今まで悪魔祓ったりしてたのはなんだったの?
※初心者なのに色々あってスゴ腕ヒーラーだと思われている
?
なんだったんだろうね…
ハッ
わかった
レイキとは違うスキルなのね!?
今やってくれたのはお寺でゲットした新技ね!?
そうかも…?
たぶん…?

数日後
RRR
着信
もしもし
あっ
アサコちゃん!? 久しぶり~
チェンマイ きてるの?
カナダのワーホリでマッサージしてた時の同僚
アサコちゃん
あかりちゃんも いるって きいたから
会えない かな~って
会お 会お
ほかの友達も一緒 でもいい?
双子の子のママ
相手がいいなら いいよ~
どんな人?
R子さんって いうんだけど インドで旅してた 時に会った人で
あ…R子さん?
レイキの 先生の?
ガンも 治せる R子さんって人に レイキ習おうよ
えっ 知り合い?
これは レイキを 習う流れが きてるのか?
私もR子さんから レイキならったよ
アサコちゃん レイキ できるの!?

お寺滞在を切り上げてチェンマイの街へ
久しぶり
R子さんこれなくなっちゃった
あれーー
レイキ習いたいんだっけ？R子さんのブログ教えるね
そこから申し込めると思うよ
ありがとー
何たべようかなー
でも申し込むのはなんか違う気すんだよなぁ
やっぱやめてマッサージ習いにいこ
マッサージ学校でトークセンを習うことにした
工事中みたいな音するけどすぐほぐれるたのしー!!
ウヒョー
やっぱマッサージもたーのしーー!!
トークセンとは
北タイの木槌療法。木槌を打つ振動で奥から筋肉をほぐしエネルギーラインを整えていく。
お昼休み
クィッティアオくださ〜い
タイのスープヌードル

※日本人の臼井甕男(うすいみかお)が創始した、日本の自然療法

アウェイクニングのコースもオススメ
アウエ…？それもレイキなんですか？
デクシャ…？
より深い意識に入れるから
レイキではないけどディクシャギバーになれるよ
結局ススメられるがままに両コース受講することに
コース説明みてもわかんないから
チョロい客
まずは送られてきた動画と資料を見てメッセージでやりとり
アウェイクニング…
ディクシャギバー…いったいなんなんだ見たらわかるかな
本当の生まれ変わりの
世界の始まり
ジャッジメントを手放
人生の本当の
バガヴァン
※動画をみています。

ものすごく上級向けのコースなのでは!?
悟りとか言ってる!?
資料に詳しい説明とかあるのかな…
どれどれ
動画と内容まったく被ってねぇ〜!
成功の方程式
願望+努力+恩寵
=成功
メールで回答を送る
「どうしてこのコースを受講しようと思いましたか」
オススメされたからよ
「このコースに望むことは?」
何を望めるの?
なんのためのコースなの!?
カタカタ
チーン
何もかもいっさいわからねぇ

オンライン座学のお次は対面授業
R子さんの住んでるアパートでやります。
何かわからないことはある？
何もわからんのですが…
そもそもアウェイクニングってなんですか？
根本的すぎたらスミマセン…
目覚め…
つまり…悟り！
目覚め…つまり悟り…
そう
ってなんですかスミマセン

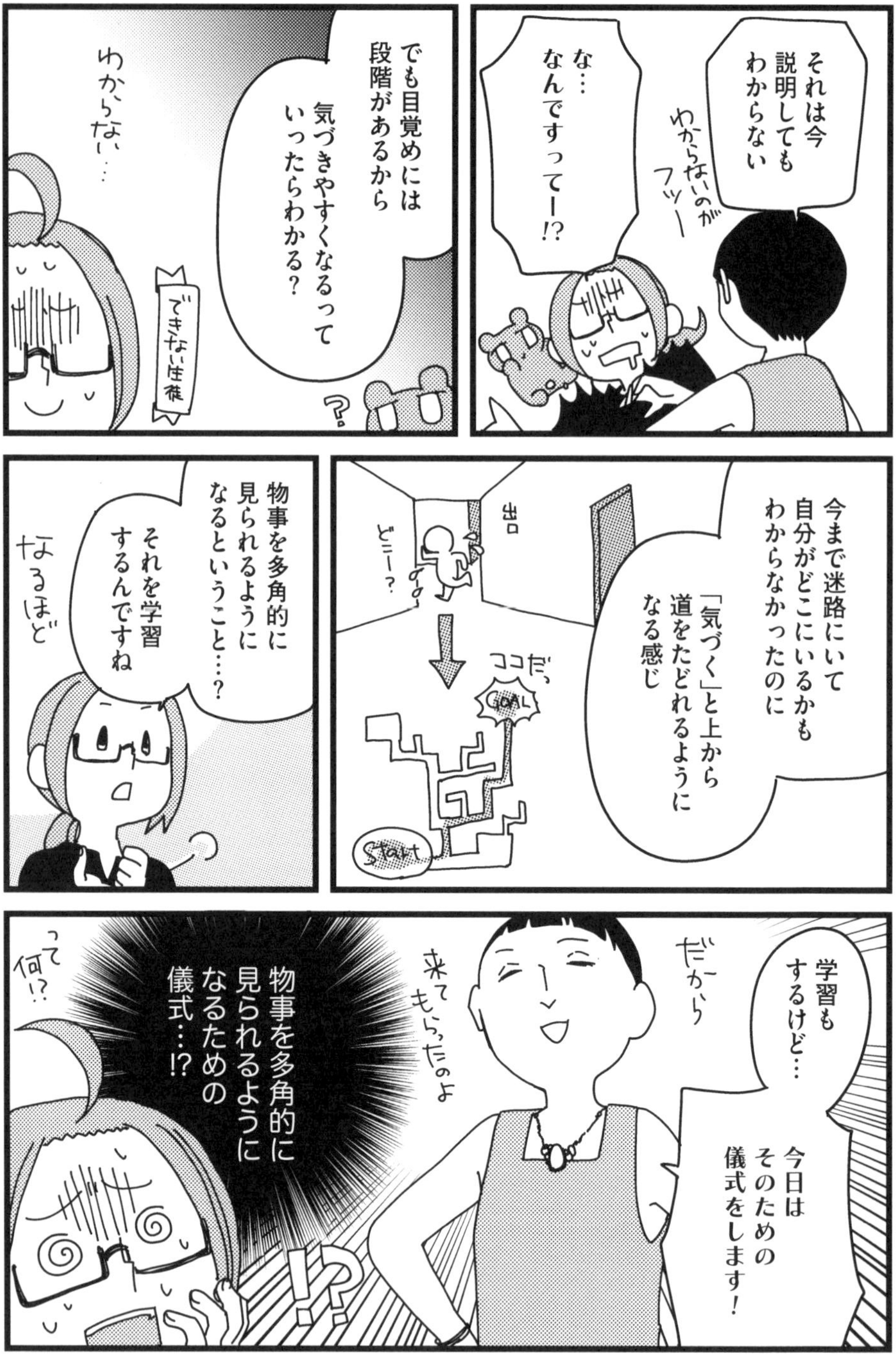
それは今
説明しても
わからない
わからないのがフツー
な…
なんですってー!?
でも目覚めには
段階があるから
気づきやすくなるって
いったらわかる?
?
できない生徒
わからない…
今まで迷路にいて
自分がどこにいるかも
わからなかったのに
「気づく」と上から
道をたどれるように
なる感じ
出口
どこー?
ココだっ
GOAL
Start
物事を多角的に
見られるように
なるということ…?
それを学習
するんですね
なるほど
学習も
するけど…
だから
今日は
そのための
儀式をします!
来てもらったのよ
物事を多角的に
見られるように
なるための
儀式…!?
って何!?

3 悟りの儀式

前回までのあらすじ
レイキを習うはずだったのに
なぜか悟りのための儀式を受けることになり
なぜ!?
←レイキの先生 R子さん
ズンドコ
ズンドコ
ズンドコ
踊っている

踊る前はマントラ10種を100回くらい唱えさせられた
リピートアフターミー
「私は宇宙です」
日本語!!
マントラなんですかソレ
↑もう少し少なかったかも…（ウロ覚え…）
それから30分くらい踊り狂ったあと
ゼェ
何これ…なんのために!?
ハァ
まさかおどるとは
ゼェ
それは
よくわからないことをひたすら唱えさせて踊って心身ともに疲れさせることで
思考力を奪うのが目的
サラッ
コワッ
洗脳の手口っ
その上で純粋に「意図」に集中させやすくするのが狙い
意図？

メールで願い事を送ってもらったでしょ
ねがいごと…？
お…送りましたね!?
なんでそんなコトきくの…？
その時の願い事を「意図」として受けてください
それっぽく返信したけど覚えてねぇ
ちゃんとした答えをかいたような…
これから脳が「意図」をかなえやすくするエネルギーを流します
デクシャといいます
それが終わったらパドカに触れ五体投地《ごたいとうち》してください
はいじゃあ「意図」して
あ、メガネ外してね
えええええ意図 意図意図なんだっけ
うーんうーん
※こんなに意図しちゃダメ。
一生遊んでくらしたい
お金もらって旅したい
おいしいものだけ食べてやせたい
落書きを仕事にしたい

スッ
はい
えっ
早《はや》っ
パドカに触れて五体投地してください
パドカ
インドの聖なる足型。
木製。
五体投地とは
仏教における最高の敬礼法。両ひざ・両ひじを地につけて合掌し、あたまも地につける。
スッ

ビ
ビ
ビ
ビ
ビ
ビ
ビ
ビ
ビ
ビ
ビ
ビ
ビ
ビ
ビ
ビ
……終わった？

じゃあ仰向けで寝て
15分目を閉じたままで寝ても大丈夫だけど必ず15分で起きてください
この間にプロセスが進むからね
プロセスってなんだろ…
う?
ムズムズ
?
みちみちみちみち
!?
ギュルギュル
何!?
エッ
目玉が
目玉が裏返りそう

はい15分〜〜〜〜
ぱち
どうだった？
人によっては宇宙が見えたりするみたいだけど
ぼ〜…
いや…
何も見えてないんですが…
目玉がギュルンギュルンしました…？
というのはエネルギーのせい…？
ちゃんとプロセスが進んだみたいね
なんか作画おかしくなってませんでした？
あっあとパドカ！これなんですか!?
電流みたいなのが走ったんですけど…
感電したかと思った
あれっ木だ
タネもしかけもないよ〜
今さわっても何も起こらない

あの…
何も実感ないんですけど
これが目覚め…？悟り…？なんですか？
いや
今のは目覚めを加速させる儀式だから
悟りはそのあと
まだなのか
それまでに「気づき」が増えて生きやすくなっていくし
多角的に物事を見られるようになるから
たとえばドラマでも主人公以外の人の視点からストーリーを追えるようになったり
漫画のコマとコマの間に起こっていることを勝手に想像…みたいな？
そうそう

目覚めチャレンジ
今回の儀式の間コマ外にいたヌイチャンの行動を勝手によみとってみよう!
書いてない小説の行間を読むような感じ
何か恥ずかしい
あー
それ私が日常的にやってるやつ
えっ
フツーは書かれてないコトは見えないよ
本当に?
それすでに目覚めてるよ
豆知識：オタクは悟りに近い
あ
今の儀式であかりちゃんはディクシャギバーになったから「意図」をかなえやすくするエネルギーが使えるようになりました
エネルギー流して15分ねるやつ
自分にも人にもできるからね
おどったりパドカ使うのはまたちがうやつだからできないケド
そんなサラッと言われても…
て
あとアウェイクニングコースの一番の効果は両親との仲の改善!
「両親」は生まれて初めての自分にとっての「世界」…だからそこが改善するとすべて変わるよ!楽しみにしててね!
後から知らされるコース概要
へ〜
わたし親とめっちゃ仲良しだから効果ゼロだろな…

それじゃレイキはまた後日ね
そういえばレイキ！
この前レイキ受けたいっていった時に今回のコースをオススメされた理由って…
それはね
目覚め＝《イコール》悟り＝《イコール》真理＝《イコール》宇宙…じゃない？
じゃない？
つまり
レイキは宇宙のエネルギーだから先に宇宙そのものになっておくといい！
ってコトー。
結局何もわからん

ピザ
自己浄化期間はベジタリアンで過ごした方がいいと言われたのでピザ。チーズたまごは良いって言われた
…てことがあってレイキは明日から習う
へ〜！私もやろっかな
この情報でやりたくなったの!?
ミキちゃん
お寺で一緒に修行してたともだち。
結局ミキちゃんも紹介することに
人ふえる？ OK〜。あかりちゃんだけちょっと早く来て〜
さて
じゃあミキさんくる前に儀式をしちゃいましょうね
えっ
レイキも儀式を受けるんですか
えっ
普通はするものでしょ!?
お寺ではどうしてたの!?
普通とは!?

前回までのあらすじ
臼井レイキを使えるようにするための儀式を受けることになった
お寺では瞑想することでレイキが使えるようになったんですけど
フツーだいたいのエネルギーは「伝授」っていう儀式をして回路を開くよ
お寺は特殊なやり方だと思う

4 レイキの儀式

ドキ
ドキ
臼井レイキレベル1の伝授を始めます
合掌《がっしょう》して目を閉じてください
10〜15分くらいのものを4回やります
合間に休めるからトイレとか行っても大丈夫
体に軽く触れたり息を吹きかけることがあるのでびっくりしないでください
今回は何が起こるのかな…
前回は感電
ビ

目を閉じてるので
わからないけど
ぐーーる
ぐーーる
いろんなところに
手を当てながら
ぐるぐるしてる
気配はした
手が当たっている
ところは温かい
ぽゎ〜〜
体温が高いのか…？
レイキが流れてる
からか…？
以上で
臼井レイキの伝授
を完了します
ありがとーございました
はっ
パチ
ありがとう
ございました！
最後に
ポーズを
変えさせ
られる
どうだった
え

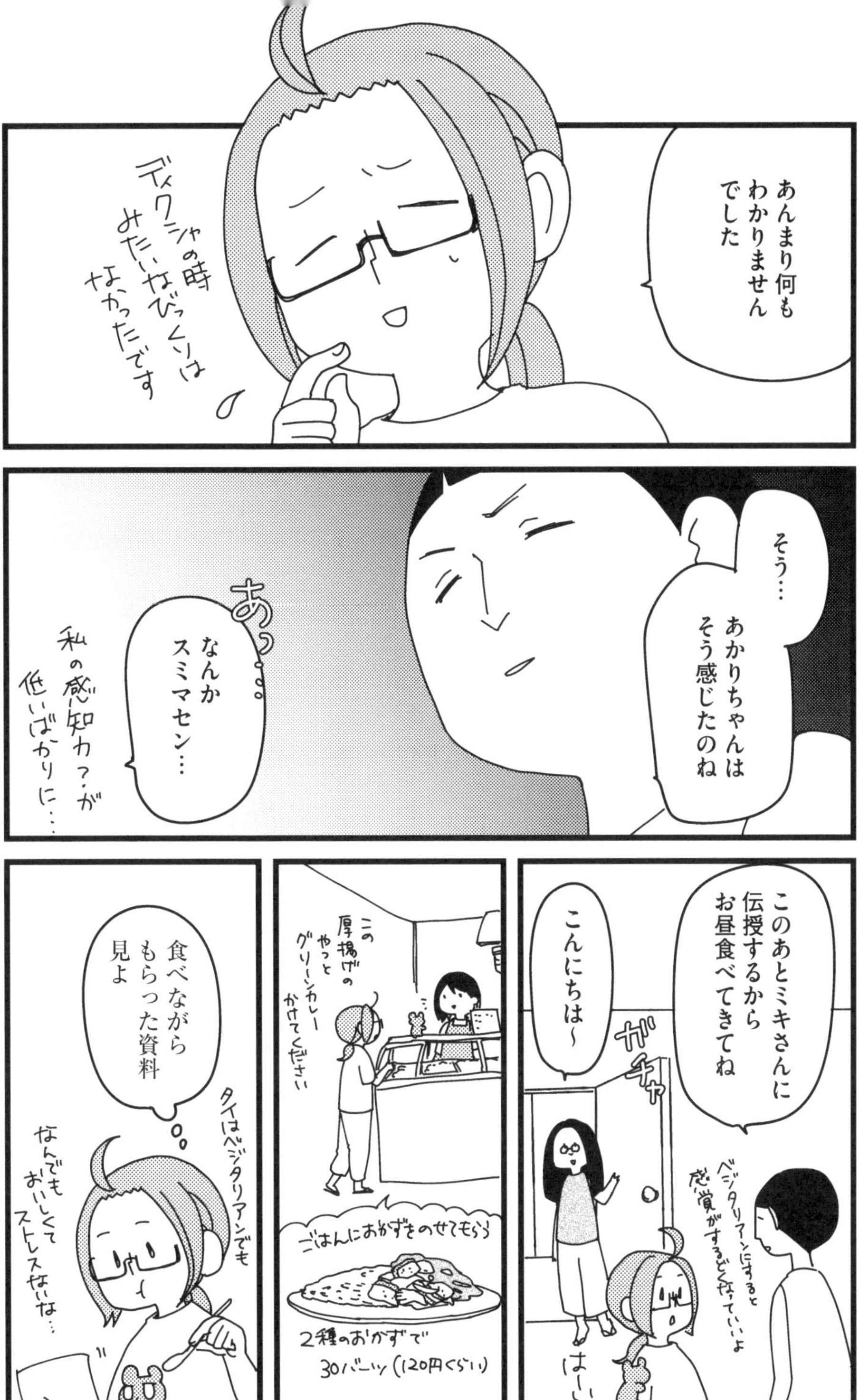
あんまり何もわかりませんでした
ディクシャの時みたいなびっくりはなかったです
そう…あかりちゃんはそう感じたのね
あっ…
なんかスミマセン…
私の感知力?が低いばかりに…
このあとミキさんに伝授するからお昼食べてきてね
こんにちは〜
ガチャ
ベジタリアンにすると感覚がするどくなっていいよ
はーい
この厚揚げのやつとグリーンカレーかけてください
ごはんにおかずをのせてもらう
2種のおかずで30バーツ(120円ぐらい)
食べながらもらった資料見よ
タイはベジタリアンでもなんでもおいしくてストレスないな…

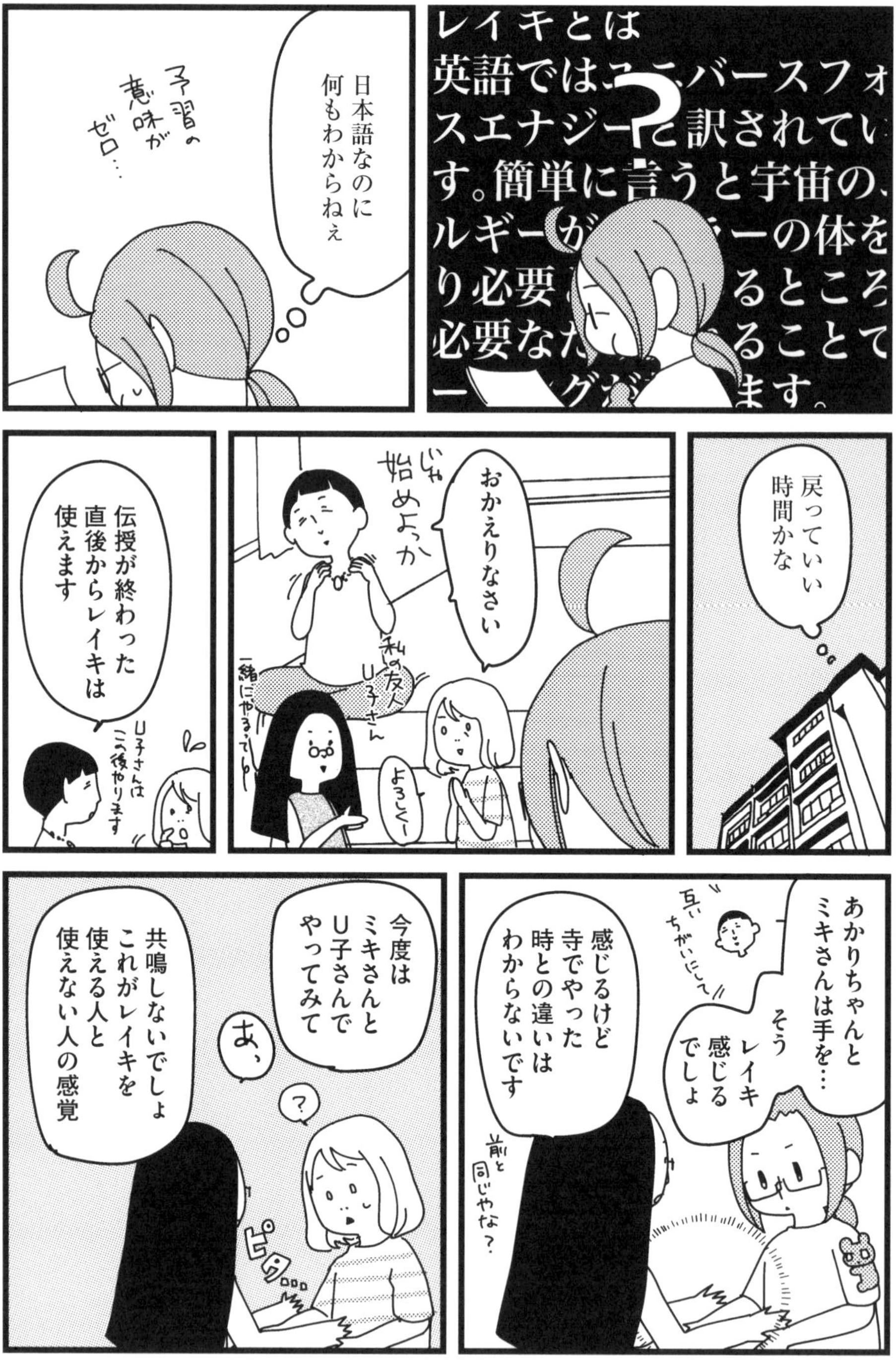
レイキとは
英語ではユニバースフォ
スエナジーと訳されてい
す。簡単に言うと宇宙の
ルギーが
ーの体を
り必要
るところ
必要なた
ることで
グが
ます。
日本語なのに何もわからねぇ
予習の意味がゼロ…
戻っていい時間かな
おかえりなさい
いや始めよっか
私の友人U子さん
一緒にやるって
よろしくー
伝授が終わった直後からレイキは使えます
U子さんはこの後やります
あかりちゃんとミキさんは手を…
互いちがいにして
そうレイキ感じるでしょ
感じるけど寺でやった時との違いはわからないです
前と同じやな？
今度はミキさんとU子さんでやってみて
あ、
？
ピタ…
共鳴しないでしょ これがレイキを使える人と使えない人の感覚

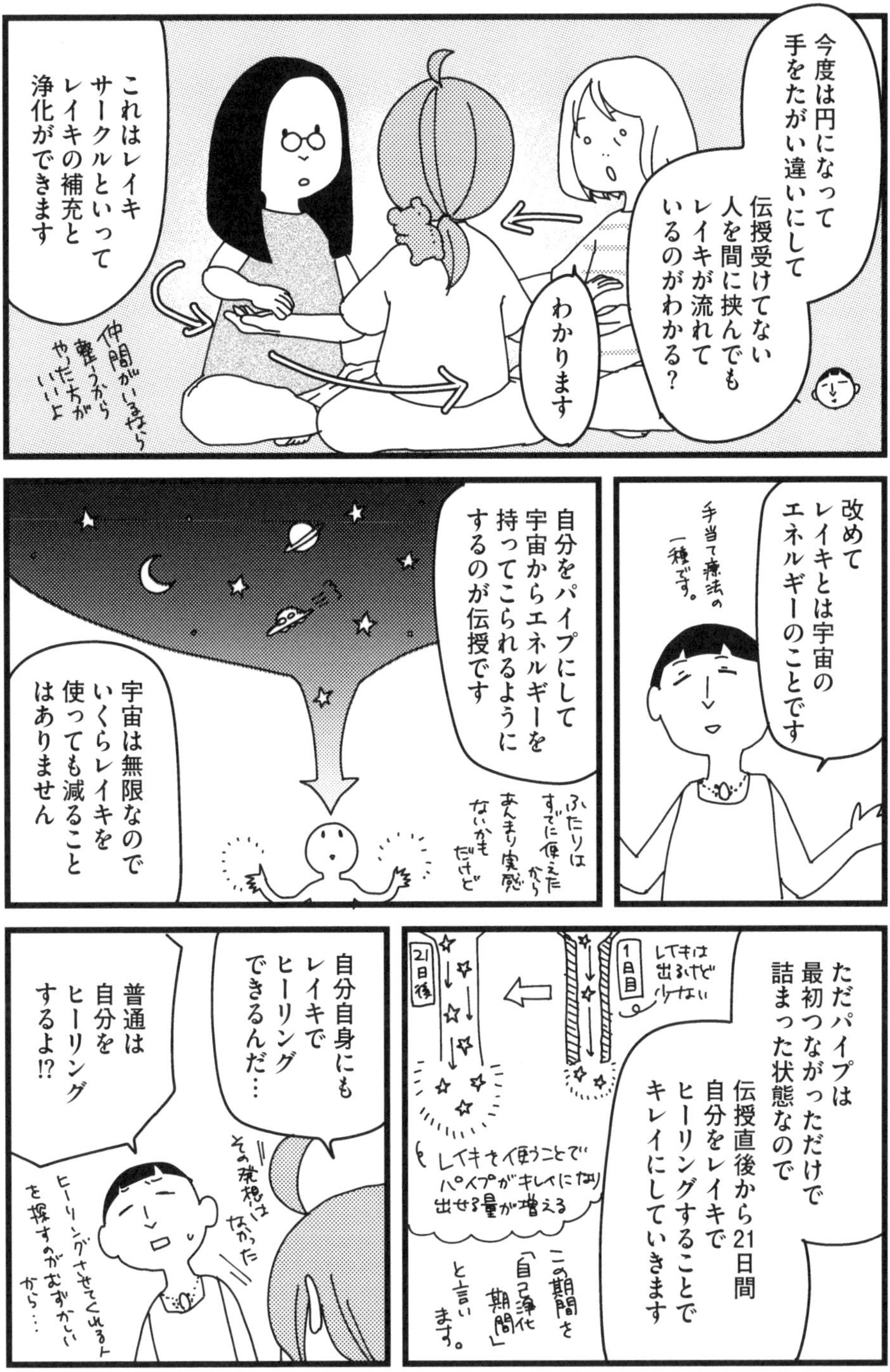
今度は円になって手をたがい違いにして
伝授受けてない人を間に挟んでもレイキが流れているのがわかる？
わかります
これはレイキサークルといってレイキの補充と浄化ができます
仲間がいるなら整うからやったほうがいいよ
改めてレイキとは宇宙のエネルギーのことです
手当て療法の一種です。
自分をパイプにして宇宙からエネルギーを持ってこられるようにするのが伝授です
宇宙は無限なのでいくらレイキを使っても減ることはありません
ふたりはすでに使えたからあんまり実感ないかもだけど
ただパイプは最初つながっただけで詰まった状態なので
伝授直後から21日間自分をレイキでヒーリングすることでキレイにしていきます
1日目
レイキは出るけど少ない
21日後
レイキを使うことでパイプがキレイになり出せる量が増える
この期間を「自己浄化期間」と言います。
自分自身にもレイキでヒーリングできるんだ…
普通は自分をヒーリングするよ!?
その発想はなかった
ヒーリングさせてくれる人を探すのがむずかしいから…

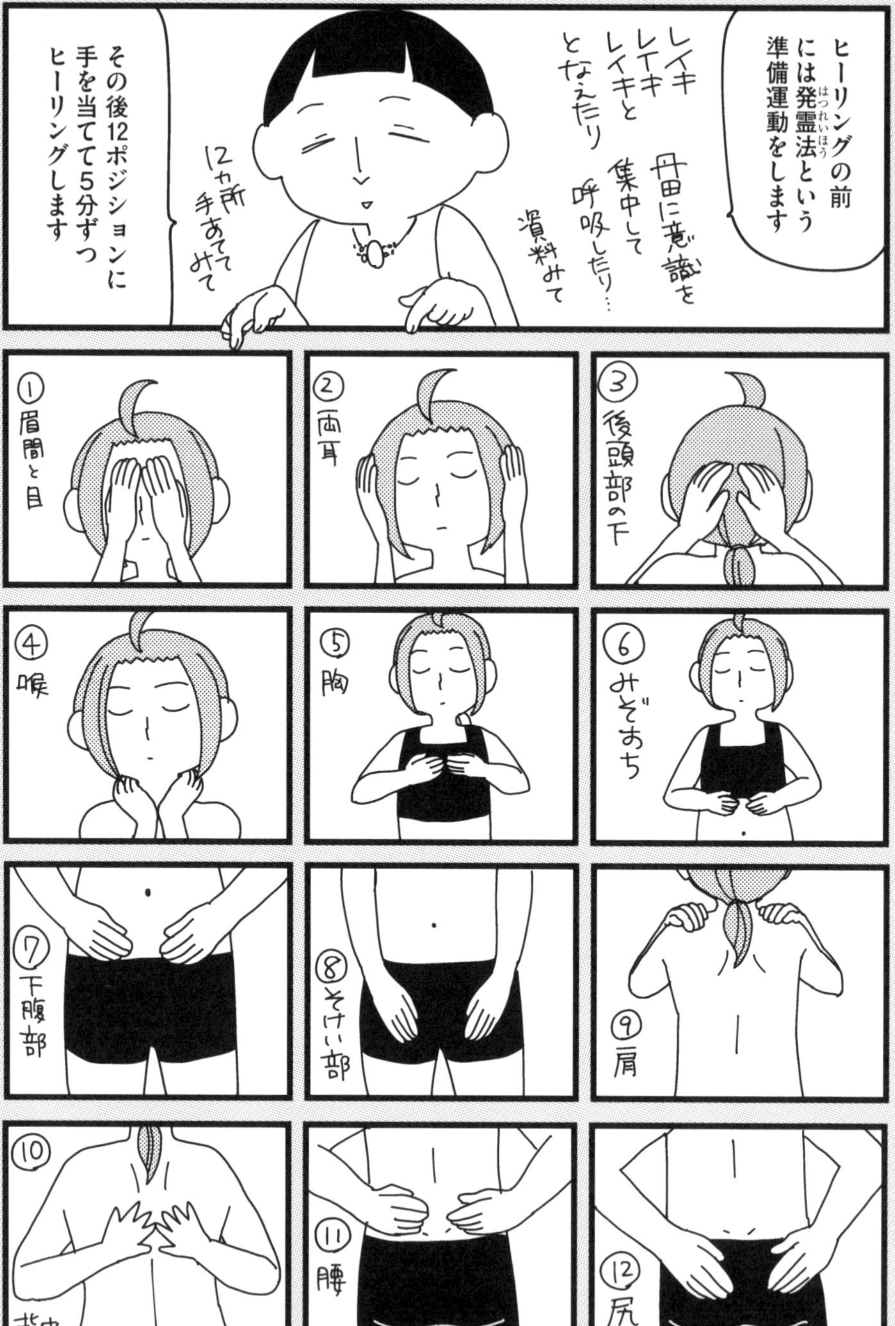
ヒーリングの前には発霊法《はつれいほう》という準備運動をします
レイキ
レイキ
レイキと
となえたり
丹田に意識を
集中して
呼吸したり…
資料みて
12カ所
手あてて
みて
その後12ポジションに手を当てて5分ずつヒーリングします
①眉間と目
②両耳
③後頭部の下
④喉
⑤胸
⑥みぞおち
⑦下腹部
⑧そけい部
⑨肩
⑩背中
⑪腰
⑫尻

頭頂部《とうちょうぶ》やデコルテ足なんかにもやるといいよ
1日1時間かかるのにさらにプラスするんですか!?
やればやるほどいい!
いそがしー!!
12ポジション以外にも好きなトコに!
ちなみにサボったらどうなるん?
それは…
何も起こりません
起こらないんか〜〜〜い
ビッ
自己浄化期間中が一番浄化が進みやすいからやらないとちょっと損する
損
取り返しがつかないほどではないよ
本当に手を当てるだけでいいんですか
もちろん!

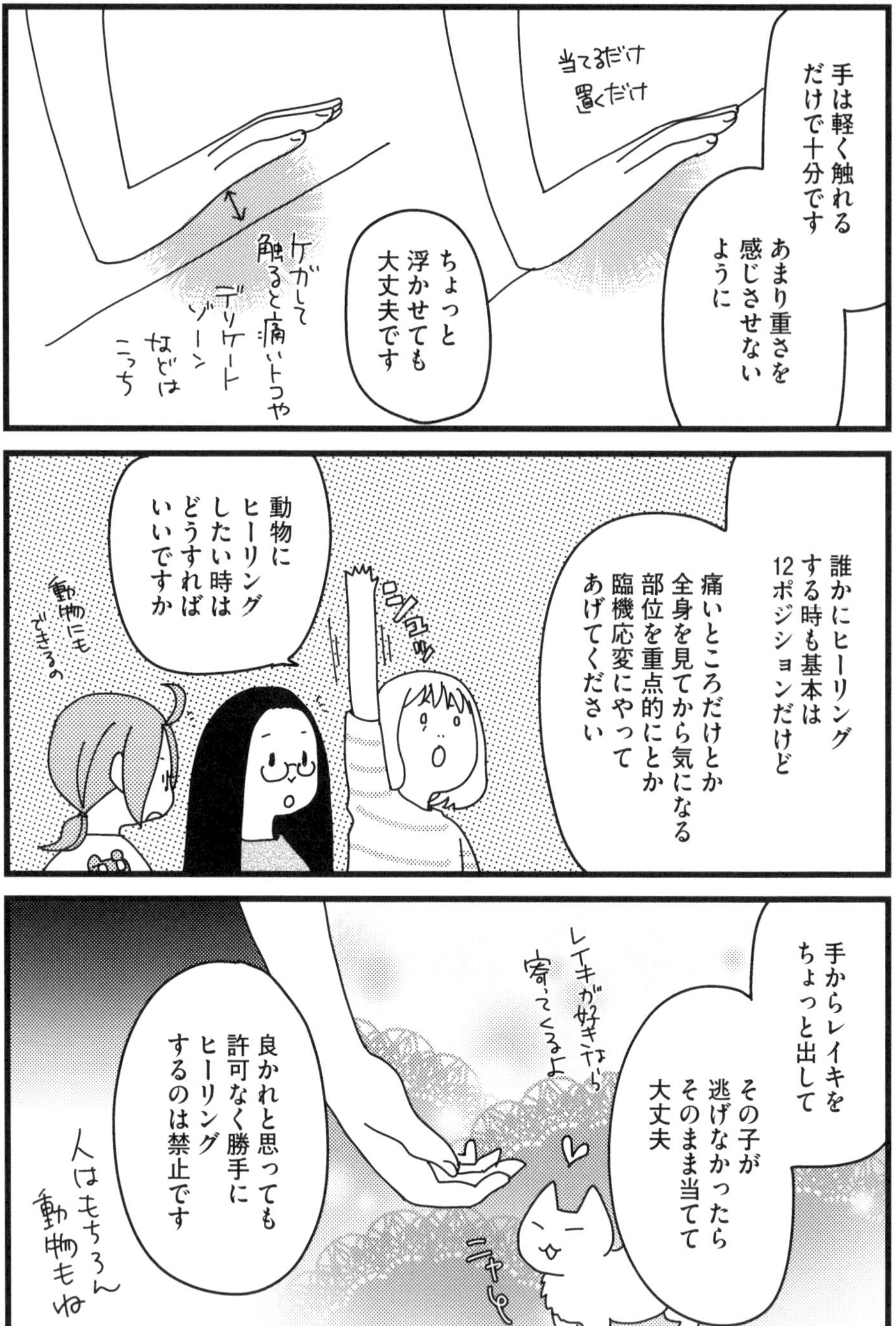
手は軽く触れるだけで十分です
あまり重さを感じさせないように
当てるだけ置くだけ
ちょっと浮かせても大丈夫です
ケガして触ると痛いトコやデリケートゾーンなどはこっち
誰かにヒーリングする時も基本は12ポジションだけど
痛いところだけとか全身を見てから気になる部位を重点的にとか臨機応変にやってあげてください
動物にヒーリングしたい時はどうすればいいですか
動物にもできるの
手からレイキをちょっと出して
その子が逃げなかったらそのまま当てて大丈夫
レイキが好きなら寄ってくるよ
良かれと思っても許可なく勝手にヒーリングするのは禁止です
人はもちろん動物もね

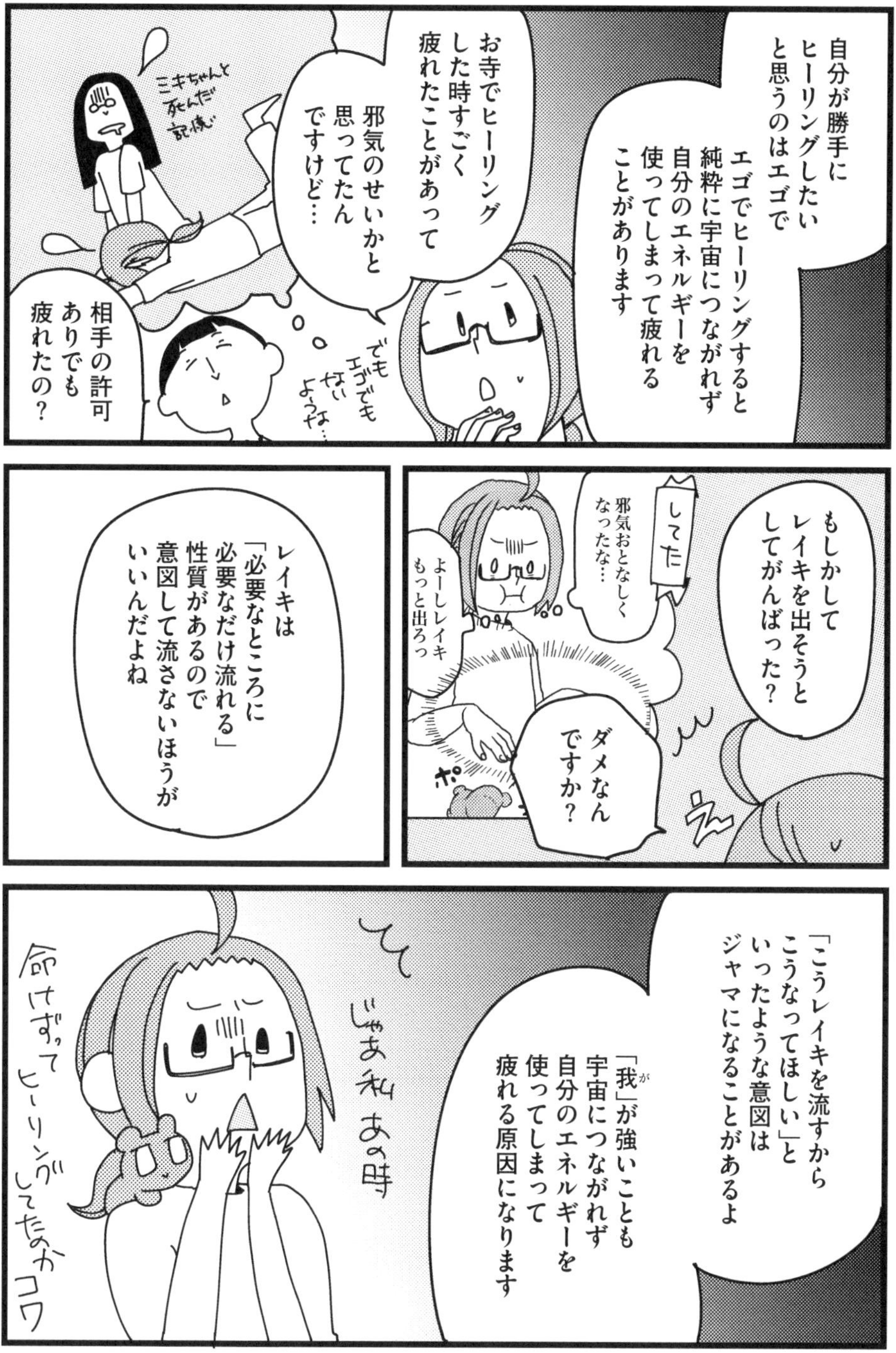
自分が勝手にヒーリングしたいと思うのはエゴで
エゴでヒーリングすると純粋に宇宙につながれず自分のエネルギーを使ってしまって疲れることがあります
お寺でヒーリングした時すごく疲れたことがあって
邪気のせいかと思ってたんですけど…
でもエゴでもないような…
ミキちゃんと死んだ記憶
相手の許可ありでも疲れたの？
もしかしてレイキを出そうとしてがんばった？
してた
邪気おとなしくなったな…
よーしレイキもっと出ろっ
ポ
ダメなんですか？
レイキは「必要なところに必要なだけ流れる」性質があるので意図して流さないほうがいいんだよね
「こうレイキを流すからこうなってほしい」といったような意図はジャマになることがあるよ
「我《が》」が強いことも宇宙につながれず自分のエネルギーを使ってしまって疲れる原因になります
じゃあ私あの時
命けずってヒーリングしてたのかコワ

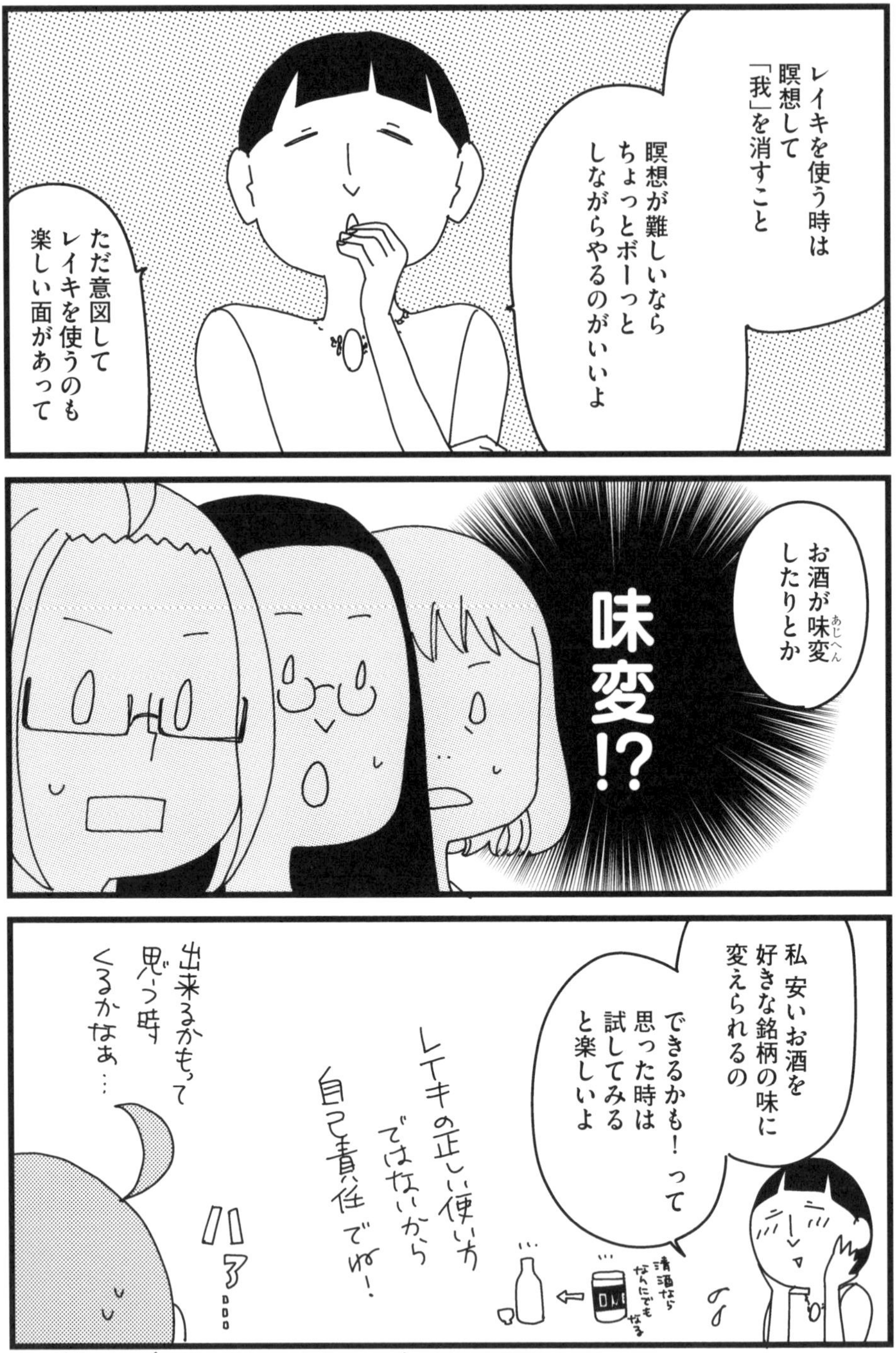
レイキを使う時は
瞑想して
「我」を消すこと
瞑想が難しいなら
ちょっとボーっと
しながらやるのがいいよ
ただ意図して
レイキを使うのも
楽しい面があって
お酒が味変《あじへん》
したりとか
味変!?
私安いお酒を
好きな銘柄の味に
変えられるの
できるかも！って
思った時は
試してみる
と楽しいよ
清酒ならなんにでもなる
レイキの正しい使い方
ではないから
自己責任でね！
出来るかもって
思う時
くるかなぁ…
ハア…

まだ来てません（R子さんの特殊スキルだよ）

私の友達は
レイキを使って
水をガソリンに変える
ことができるんだ
錬金術《れんきんじゅつ》!?
ただ本人的にもなんで
そんなことができるのか
よくわからなくて
怖いから
畑用の
トラクターでしか
使ってないみたい
自分の畑なら
事故っても
なんとかなるから
ネギ農家
ゴウン
ゴウン
ファンタジー
農家!
みんなも
軽い味変くらいは
できるから明日
やってみましょうか
U子さんは
このあと伝授
しましょうね
はーい
その後 レイキの歴史
など座学をしてから
1日目は解散

※フツーのヒーラーはこんなこと出来ません。

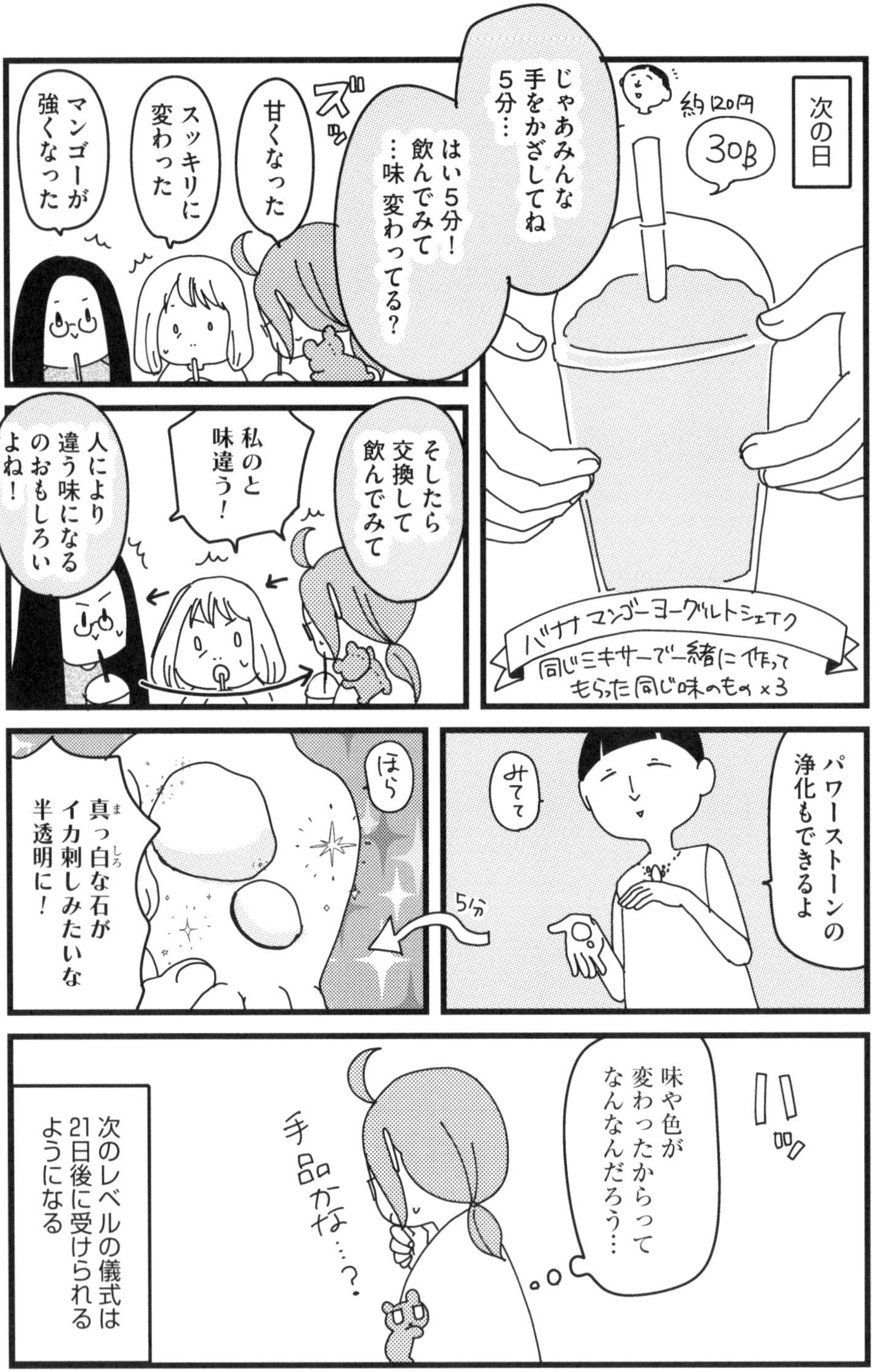
次の日
30B
約120円
じゃあみんな手をかざしてね5分…
はい5分！飲んでみて…味変わってる？
バナナマンゴーヨーグルトシェイク
同じミキサーで一緒に作ってもらった同じ味のもの×3
ズッ
甘くなった
スッキリに変わった
マンゴーが強くなった
そしたら交換して飲んでみて
私のと味違う！
人により違う味になるのおもしろいよね！
パワーストーンの浄化もできるよ
みてて
5分
ほら
真《ま》っ白《しろ》な石がイカ刺しみたいな半透明に！
ハッ
味や色が変わったからってなんなんだろう…
手品かな…？
次のレベルの儀式は21日後に受けられるようになる

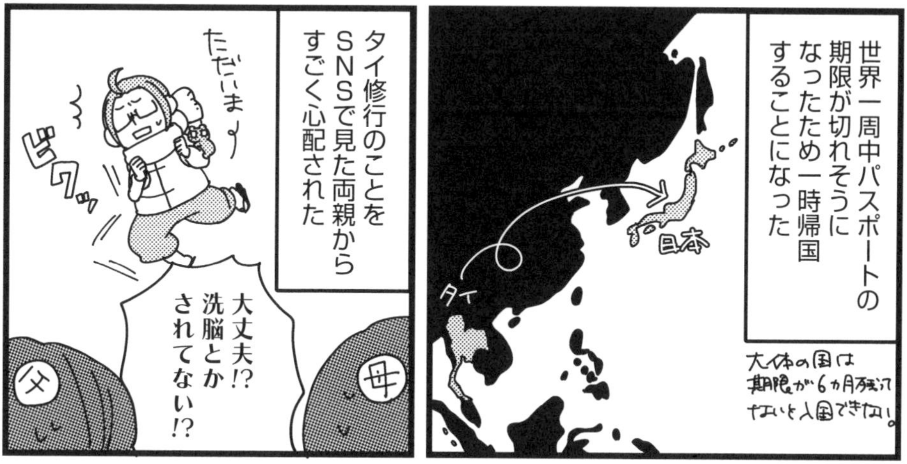
世界一周中パスポートの期限が切れそうになったため一時帰国することになった
タイ
日本
大体の国は期限が6カ月残ってないと入国できない。
タイ修行のことをSNSで見た両親からすごく心配された
ただいま
ビクッ
大丈夫!? 洗脳とかされてない!?
母
父

5 神の采配《さいはい》と奥さんの呪い

パスポートが再発行され次第また出発
再発行に2週間かかる
パスポート
レイキを学ぶお金払っちゃってるから少なくともタイには戻らんと…
もういかなくて良くない…?
エェ…
もったいないし…
なんでまた行くの…?
あと旅に出る前にいった占いでこういわれたので
インドへいけるようになるのはずっとあとだと思う
実際タイ→インドよりタイ→ドイツの方が航空券が安かったので
最初のアジアでは行けなかった。
インドにいけるかも試してみたかった
とにかく守護霊に止められたらやめたほうがいいよ
…
どーすかね
守護霊
(私にはみえない)
パスポート切れの時点で失敗してないか…?

この前に台湾も行った(スピネタなし)
タイに戻る前に寄り道してベトナムへ
タイマッサージ学校で知り合ったサロン経営者
うちの店そこそこ都会にあるし便利だよ泊まっていいよ
知人のサロンに泊めてもらうことに
彼はスタッフのDくん
サラッ
奥さんに呪われてるの
どうも…
そんな紹介ある!?
SNS見てたらあかりちゃんヒーリングの修行とかしてたから
ちょうどいいと思って
ちょうどいいとは…?
この通り
見ればわかると思うけど彼——
?
おばけもいっぱい憑いてるじゃない?
どういうこと!?
スミマセン
私視《み》る能力はなくて…

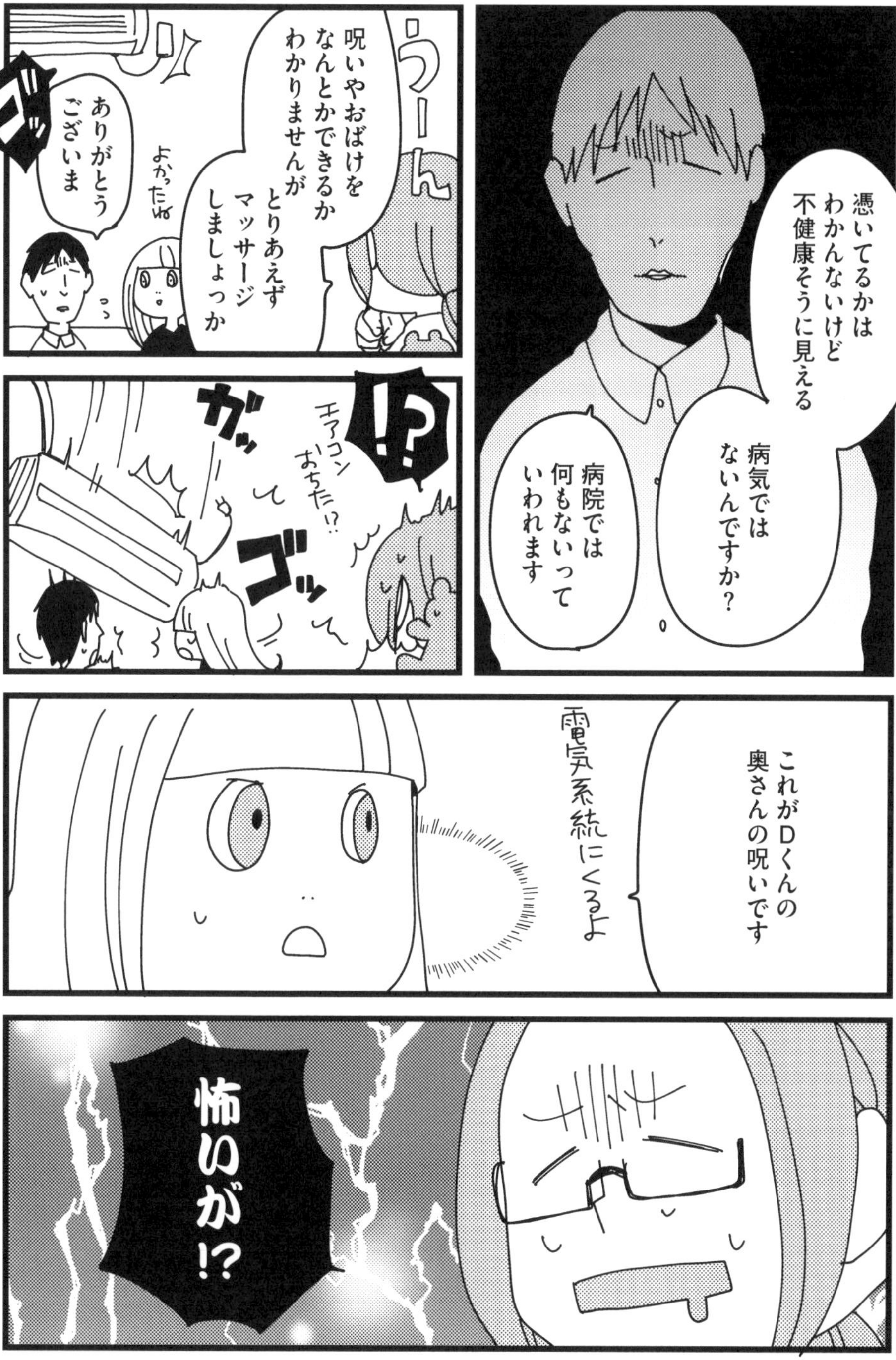
憑いてるかは
わかんないけど
不健康そうに見える
病気では
ないんですか？
病院では
何もないって
いわれます
うーん
呪いやおばけを
なんとかできるか
わかりませんが
とりあえず
マッサージ
しましょっか
よかったね
ありがとう
ございま
ゴッ
!?
エアコン
おちた!?
ガッ
ゴッ
これがDくんの
奥さんの呪いです
電気系統にくるよ
怖いが!?

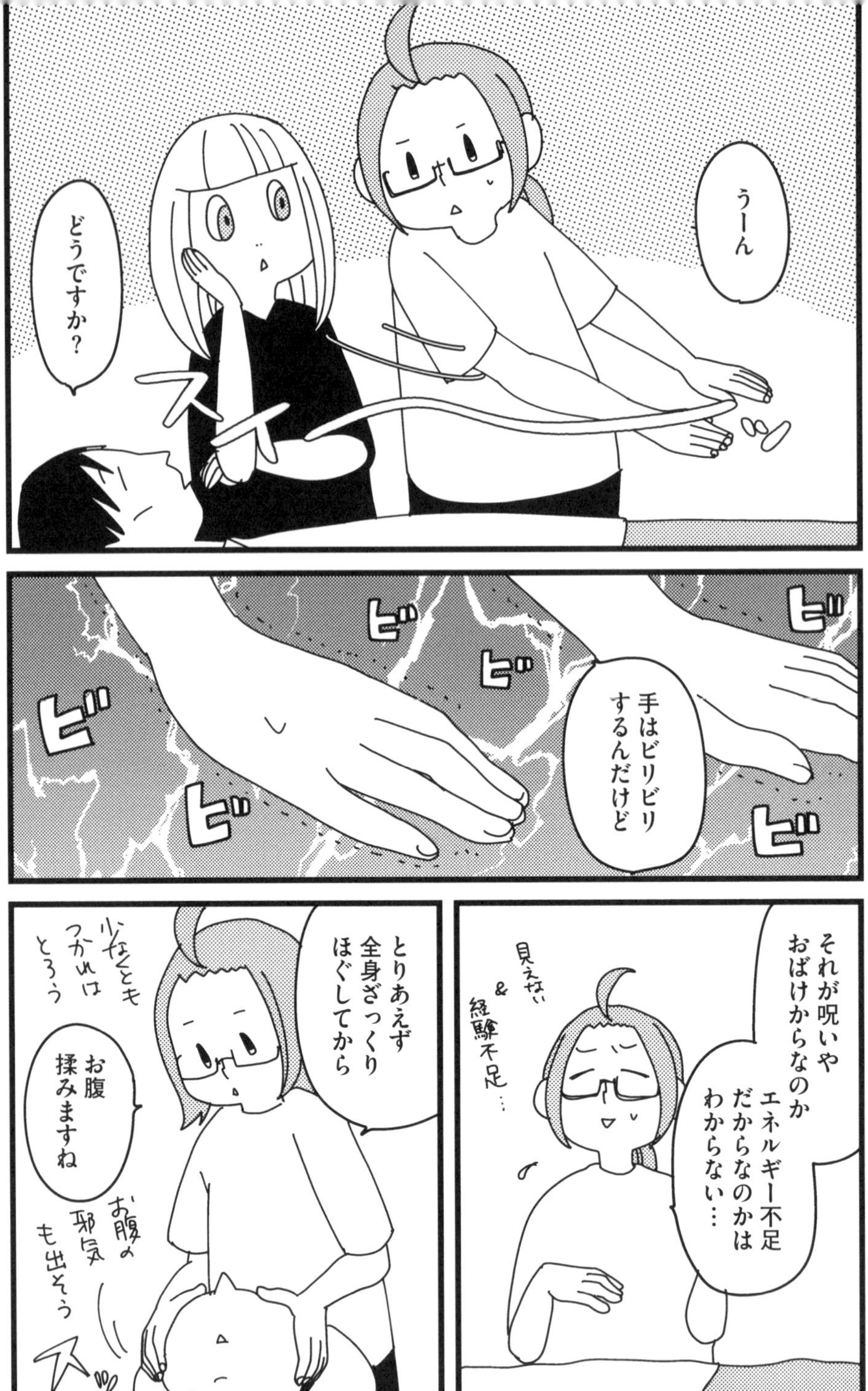
うーん
どうですか？
スイ
手はビリビリするんだけど
ビビビビビビ
それが呪いやおばけからなのかエネルギー不足だからなのかはわからない…
見えない＆経験不足…
とりあえず全身ざっくりほぐしてから
お腹揉みますね
少なくともつかれはとろう
お腹の邪気も出そう
ス

スッ
スイーッ
ビクッ
ムッ
痛い 痛い 痛い
無理です!!
バッ
手をすべらせただけですよ
そんなに強そうには見えなかったけど…
めっちゃソフトですよ
これで痛いっていわれたの初めてですね
ウソだ 店長受けてみてくださいよ
ぜったいムリ
スッ
あっ
キモチイイ〜
スイーッ
ウッソぉ

邪気たまってたり
なんか憑いてたり
すると触るだけで
痛いことがあるっぽい
経験的に
ヒェ…
痛くない方法ないんですか
マッサージもう無理です
うーん
お清めならホワイトセージ焚《た》いたり塩風呂入ったり…？
私これからタイいくから修行したお寺で聞いてみるよ
ジャプーならなんとかしてくれるかも
ありがとうございます…
タイのお寺にも呪われた人いたんだけど
Dくんとはちょっと違ったな
近くにいるだけでみんなが影響をうける感じだった
邪気をまきちらすことで周囲に人を寄せつけなくなる呪いを受けている子
…
Dくんにはそれがない
一緒にいても別に平気
そう！
それ

奥さんの呪いって嫉妬心《しっとしん》からかと思って警戒してたんだけど
別に私とDくんに男女の関係があるわけじゃないよ念のため
一緒に働いてても何もないのよ
Dくんにいいことが…たとえば昇給とかがあったりするとDくんだけに悪いことが起こる
ボーナス出たら事故った図
昇給って奥さんもうれしくない!?
そしてボロボロになったDくんを
「私がいないとダメなんだから♡」
って奥さんが満面の笑みで介護する…
カタ
カタ
はいっ
あーん♡
アイス
ヤンデレ!!
Dくんが楽しみにしてることがあるとだいたいバイクが壊れるし
プスン
あれっ
新車なのに…
怖い
金銭的にも肉体的にもDくんがダメであればあるほど
奥さんがゴキゲンに
怖い

別れたりはできないんですか？
子どもが生まれたばかりなので…
カタ
カタ
こどもはかわいいので…
逃げ場なし
その後一緒に遊ぶたびにやっぱりバイクが壊れたり
あっ…
奥さんパワーっ…
プスン
プスンッ
ドッシャ〜
乾季なのに台風のような土砂降りがあったりした
私晴れ女なのに…
さらばメコンツクルーズ…
お店も手伝ったけど…
泊めてもらったのにお役に立てなくて申し訳ない…
そんなことないよ！
予定をあきらめたのは今回のみ
世界一周中の雨一年半で3回。（長期滞在国は除く）

やっぱり必要な時に必要なものはやってくるのよ
だから あかりちゃんがここにいるのもきっと神の采配…
うちの店がつぶれそうになった時に
ちょうど必要な額ぴったりのお金が道に落ちてた時みたいに!
!?
は…お金…?
何…えっ?
そうお金
もう無理 お店をたたもう…と決意をした次の日の朝
お店の前の通りにお金がつまったバッグが…
おっ
落としものだ
コワイ
事件を感じる

そういうのって
警察に届けたりとか…
ベトナムのポリスは
必ずしも正義では
ないんですよ
お店に
難癖つけて
小遣いたかりに
くるのがこっちの
ポリスです
現地人の友達にも
相談したけど
届けても警官が
着服するだけ
だろうって
でも本当に
ぴったり必要な額の
お金が入ってたのよ
※画像はイメージです。
これは
「お店を続けろ」
っていう神様からの
メッセージ…
って思った
ネコババを
させる神…

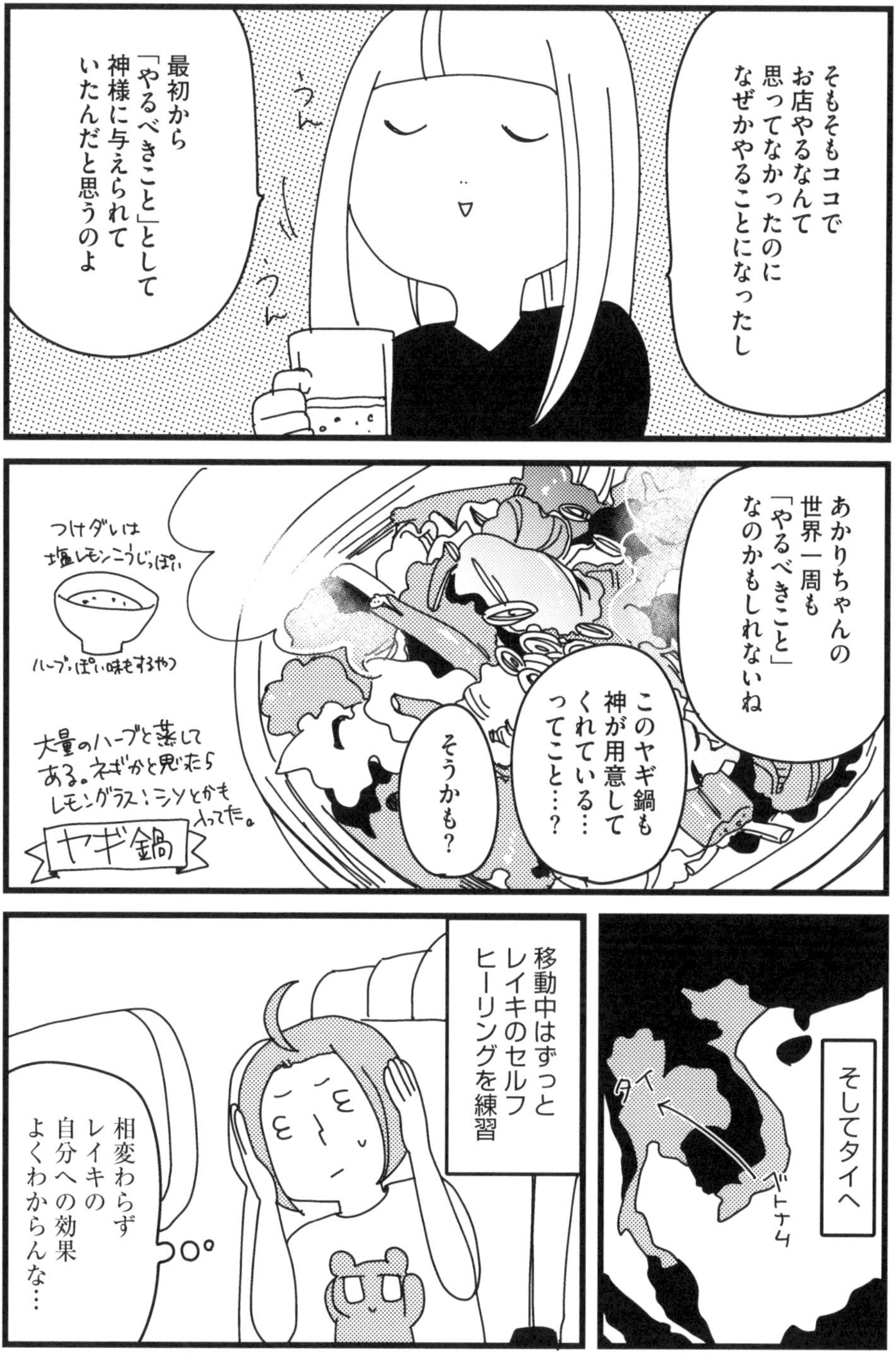

そもそもココで
お店やるなんて
思ってなかったのに
なぜかやることになったし
うん
うん
最初から
「やるべきこと」として
神様に与えられて
いたんだと思うのよ
あかりちゃんの
世界一周も
「やるべきこと」
なのかもしれないね
このヤギ鍋も
神が用意して
くれている…
ってこと…？
そうかも？
つけダレは
塩レモン＋こうじっぽい
ハーブっぽい味もするやつ
大量のハーブと蒸して
ある。ネギかと思ったら
レモングラス！シソとかも
入ってた。
ヤギ鍋
そしてタイへ
タイ
ベトナム
移動中はずっと
レイキのセルフ
ヒーリングを練習
相変わらず
レイキの
自分への効果
よくわからんな…

※ジャプーへの相談代行は承っていません。問い合わせないでくださいね。

※この後インドへいく予定

タイのチェンマイに戻ってきた
スマホを安く買ったぞ!
おっ
ぽこ
さっそくメッセージが
スマホなしのインドはハードらしいので買った。
今タイですか? 俺も帰国前に寄ろっかなって… 会えます?
会えるよ!
俺もスピリチュアルな目に合いたいっす!
パティシエ
ヨーロッパを一緒にまわったメンバーの一人。ワーホリで一年フランスにいたがそろそろ帰る。

6 3日《みっか》3晩のお祓い儀式

ワッ
すごいこのお寺クリスマスのライトアップしてる!!
お寺にクリスマスはないかな…
キラッキーン
ワットプラシン
チェンマイの中心にある寺。いつでも金色。
じゃあこのクリスマスツリーみたいなやつは!?
絵馬《えま》的な?
オーナメントじゃないの!?
願い事をかいて吊るす
♡5兆円非課税でほしい♡
そあ、
アレは何!?
ウキ
ウキ
このテンションの旅行楽しそうでいいなぁ
旅をしすぎて無感動になっている
あかりちゃん!?

だ…Wさん!?
ぐうぜ〜ん♡ やっぱり運命♡
キャ♡
お連れさんも こんばんは!
どうも〜
えーっと
霊能者の Wさん
一緒にお寺で修行した人
霊能者!
じっ
?

ジャプーのとこ いったほうが いいかも…
ちょうど夜だし 今からいく？
ジャプー？
今!?
ジャプーってのは 未来視ができる シャーマンで 私が修行してた お寺の偉い人
あやしいと思ったら
断ていいんだよ
マジで!? いきたい
ジャプーのいる お寺に移動
幸いすぐ タクシーも つかまった
TAXI
それで… なんでジャプーに 会ったほうがいいん ですか彼…
だって 不健康そう なんだもん
いきなり
連れてくるには ディープすぎ ませんか…
わくわく
健康の 相談に!?

霊的なものが
理由な気がするんだけど
直接憑いてる
感じじゃないのよ
うーーん
何か自覚
症状とか
あるの？
眠れないとか
どんなに食べても
太れないとか？
次
タヴィ
英語がわかる寺の人
ジャプー
未来視ヒーラー
順番きた
聞いてみよう
フム
フム
通訳中

家族にも
同じ症状の人
いるでしょ…って
って
ジャプーが
通訳
え…。
あ
母も…かも
もしかして
遺伝てこと？
フツーに
タマチャンやるから
向こうで仰向けに
寝てください
えっ
何!?
あかりとWは
読経に参加して
タマチャン
悪いモノがついてる人にする
浄化の儀式のこと
え
やっぱなんか
ついてんの？
おばけでは
ないと思うけど…

← 仏像と糸が つながっている
↑ロウソク
つまり どういうこと!?
ブッダを通して あなたとお母《かあ》さんを つなぎました
この糸
この糸 お母さんに つながってるの!?
あなたのお母さんが 夢の中で悪魔に 憑かれていて
その影響が あなたにも 出ています
パティシエを 取り囲んで 読経をする
いきなり 連れてこられた ナゾの寺でこの 体験…
大丈夫か!?
このあと 自分でやってもらう 儀式もあるんだけど
時間ある?
はい
3日3晩 やってもらう ことになるんだけど
3日!?

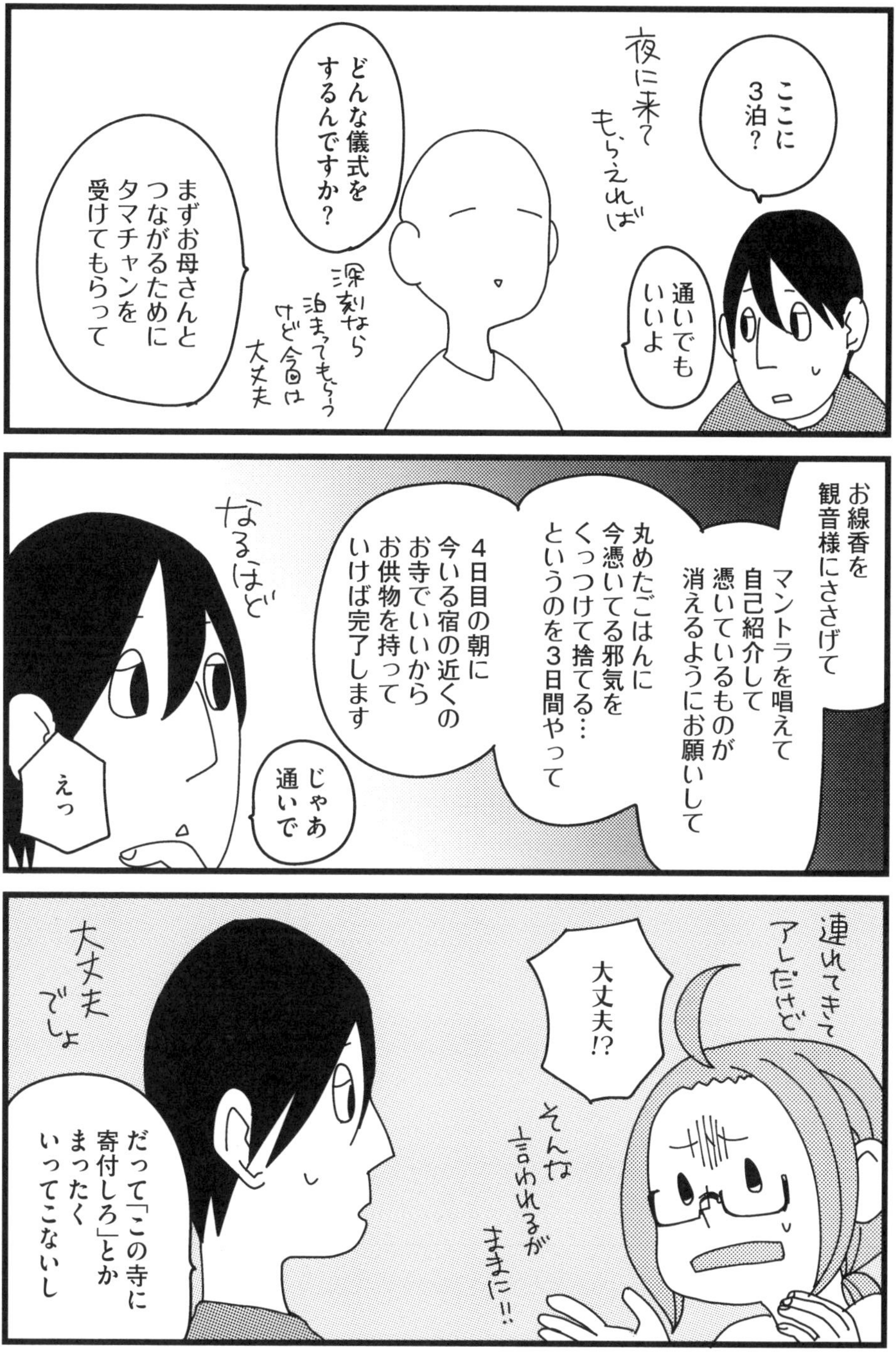
ここに3泊?
夜に来てもらえれば
通いでもいいよ
どんな儀式をするんですか?
深刻なら泊まってもらうけど今回は大丈夫
まずお母さんとつながるためにタマチャンを受けてもらって
お線香を観音様にささげてマントラを唱えて自己紹介して憑いているものが消えるようにお願いして
丸めたごはんに今憑いてる邪気をくっつけて捨てる…というのを3日間やって
4日目の朝に今いる宿の近くのお寺でいいからお供物を持っていけば完了します
なるほど
じゃあ通いで
えっ
連れてきてアレだけど
大丈夫!?
そんな言われるがままに!!
大丈夫でしょ
だって「この寺に寄付しろ」とかまったくいってこないし

そもそも俺
スピリチュアルな目に合いにきたので
そうだった
必要なもの
ロウソク1本
1日分なので×3日分必要（お寺でくれる）
4日目のお供えは自分で用意
ピンポン玉サイズ
もち米
白い服上下と
果物とか
お菓子とか
線香9本
「ナモタサパカワトサマサンブッタサ」って3回唱えて
ナモタサパカワトサマサンブッタサ
名前と生年月日数え年をいってから
線香に火をつけてから唱える
今憑いてるものがあるべきところにいくようにお願いして線香を立てて
はい
丸めたごはんを頭から順にくっつけます
上から下の一方通行でね
届く範囲ぜんぶね
餅《もち》米がなかったら普通の米でもパンを丸めたものでも大丈夫
ぺた
ぺた
ぺた
ぺた

タイ米はもち米も長い。
……
お米はそのまま外に捨てます
帰る時は絶対に振り返らないこと
川や草むらがいいよ
サッ
スタスタ
振り返ったらどうなっちゃうんですか?
おばけや邪気が戻ってきちゃうね
ヒェ~!!
今日はこれで終わりよね
明日また同じ時間にくればいい?
そそ
私の連れだし そこまでしなくても
Wさん明日もくるんですか!?
Wはいろんなお祓いを覚えたほうがいいからね
これから必要になることのはず
霊能者だからね
これも修行♡
なるほど

3日後
調子どう？
眠れるようになったし悪夢もなくなった
まさかの
悪夢もあったの!?
お母さんは？
眠れてるらしいっす
良かったね
いやホント頭に糸巻かれた時はどうしようかと思ったけど
?
米も意味わからんかったし
……
たしかにシュールだった
あとは明日の朝お供物買って近所のお寺にいくだけだね！
そこまでつき合ってくれるんだ…
朝8時に市場集合ね
あっ
このお寺にも寄付してほしい感謝してほしい
おさつのお金を入れてくれ
あ、はーい
ドネーション箱
無償とはいえ3日間もお世話になったからね
宿の近所の寺

タイはドネーション文化なので無償とあっても寄付した方がいいです。

お供物
果物
白い服
タヴィが書いてくれたタイ語のメモと一緒にお供えを渡すと
ああハイハイ
すぐ理解してくれたのでタイではよくあることなのかな?
僧侶がマントラを唱えて
ブツブツ
ブツブツ
…
あのウチワ絶対カンペだ
聖水をかけてくれた
パシャ
パシャ
私にもかけてくれるのか
ピシャ
手にミサンガを巻いてもらって終了
…
僧侶は女性に触れないため我々は自分でつけた。
やっと終わったね〜
これでやっと観光もできます
色々勉強になったわ〜
土曜だしサタデーマーケットでもいく?

サタデーマーケットはお祭りみたいな感じで屋台がいっぱい並ん…
ぐきっ
すってーーんっ
大丈夫!?
い…痛《いた》…
がーン
おニューのスマホがバッキバキに
あーっ
あれ…
あかりちゃん
何か憑いてない?
!?
聖水かぶったばっかりなのに!?

前回までのあらすじ
あかりちゃん何か憑いてない?
霊能者Wさん
派手にころんでスマホが割れた
聖水かぶったばっかりなのに!?
ムクッ

7 生霊と守護霊と私

最近ツイてないとか心当たりない?
友人パティシエ
大丈夫?
えー?
画面バキバキ…
そういえば左側の負傷が多いような
イテッ
ぶつかられたり
何かおとしたり
あっ
この辺がモヤッとするような…
う〜ん…
そうソコ!

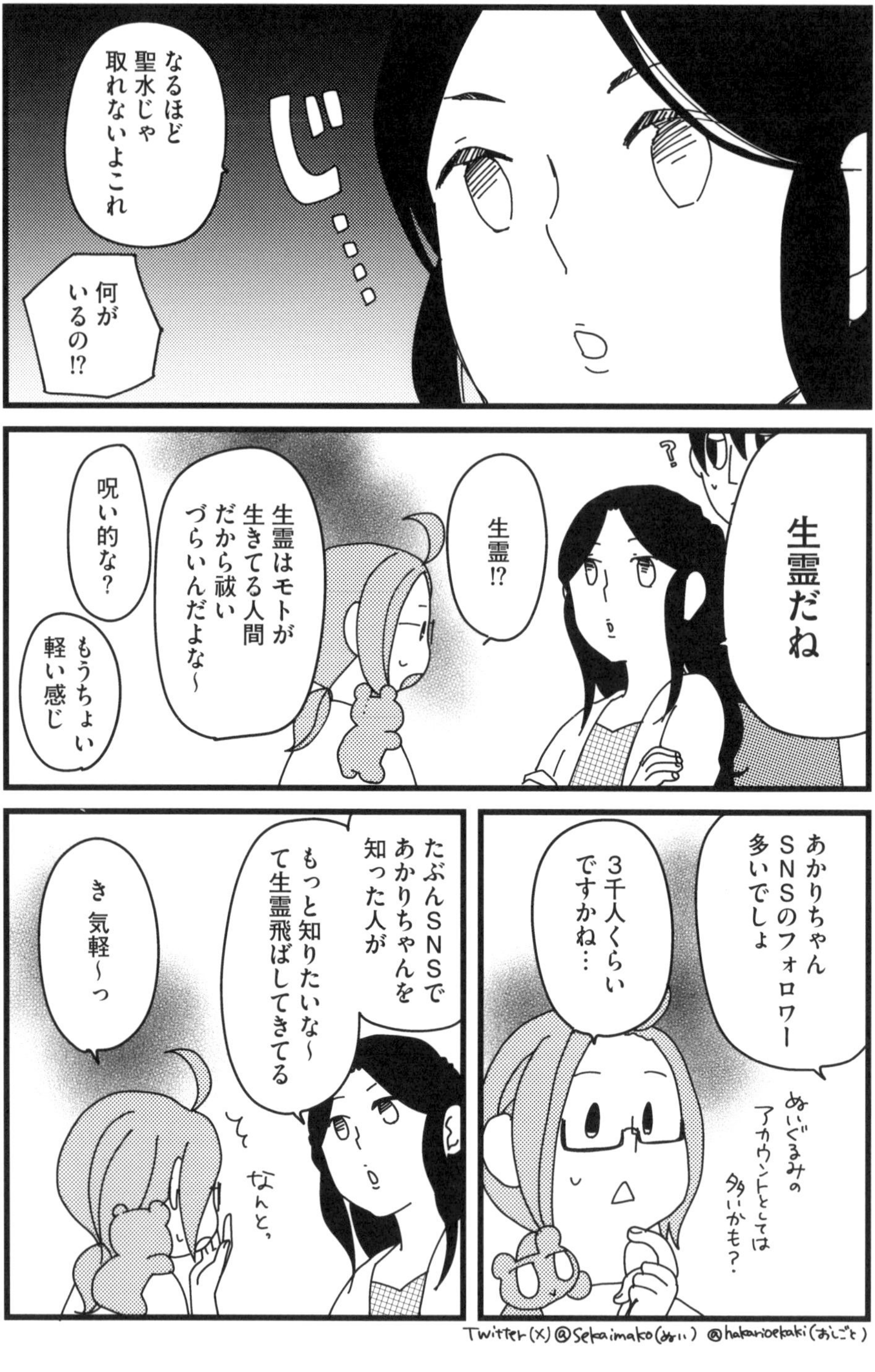
じ……
なるほど聖水じゃ取れないよこれ
何がいるの!?
?
生霊だね
生霊!?
生霊はモトが生きてる人間だから祓いづらいんだよな~
呪い的な?
もうちょい軽い感じ
あかりちゃんSNSのフォロワー多いでしょ
3千人くらいですかね…
ぬいぐるみのアカウントとしては多いかも?
たぶんSNSであかりちゃんを知った人がもっと知りたいな~て生霊飛ばしてきてる
なんと。
き気軽~っ

Twitter(X) @sekaimako(ぬい) @hakarioekaki(おしごと)

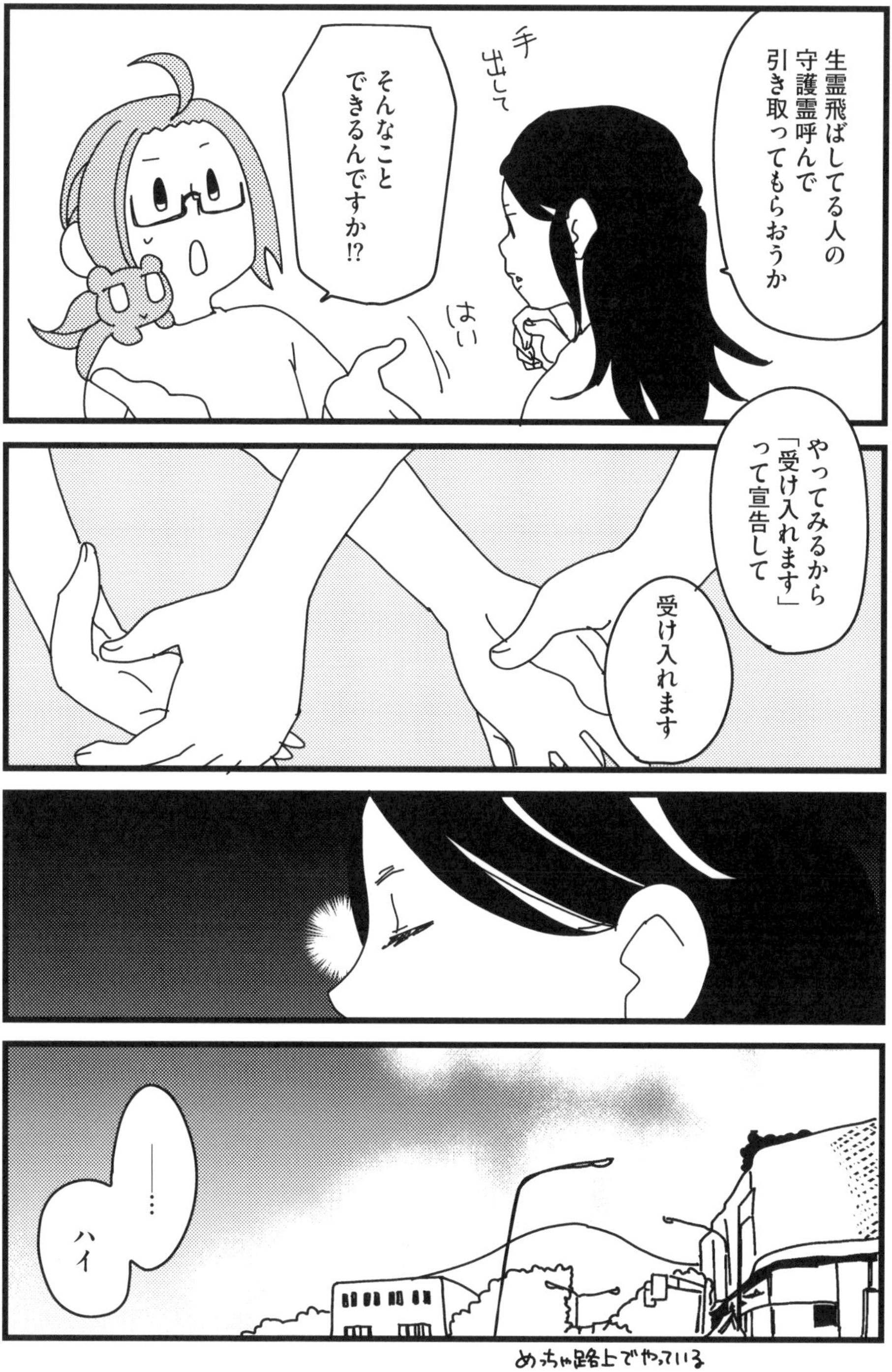
生霊飛ばしてる人の
守護霊呼んで
引き取ってもらおうか
手出して
そんなこと
できるんですか!?
はい
やってみるから
「受け入れます」
って宣告して
受け入れます
……ハイ
めっちゃ路上でやっている

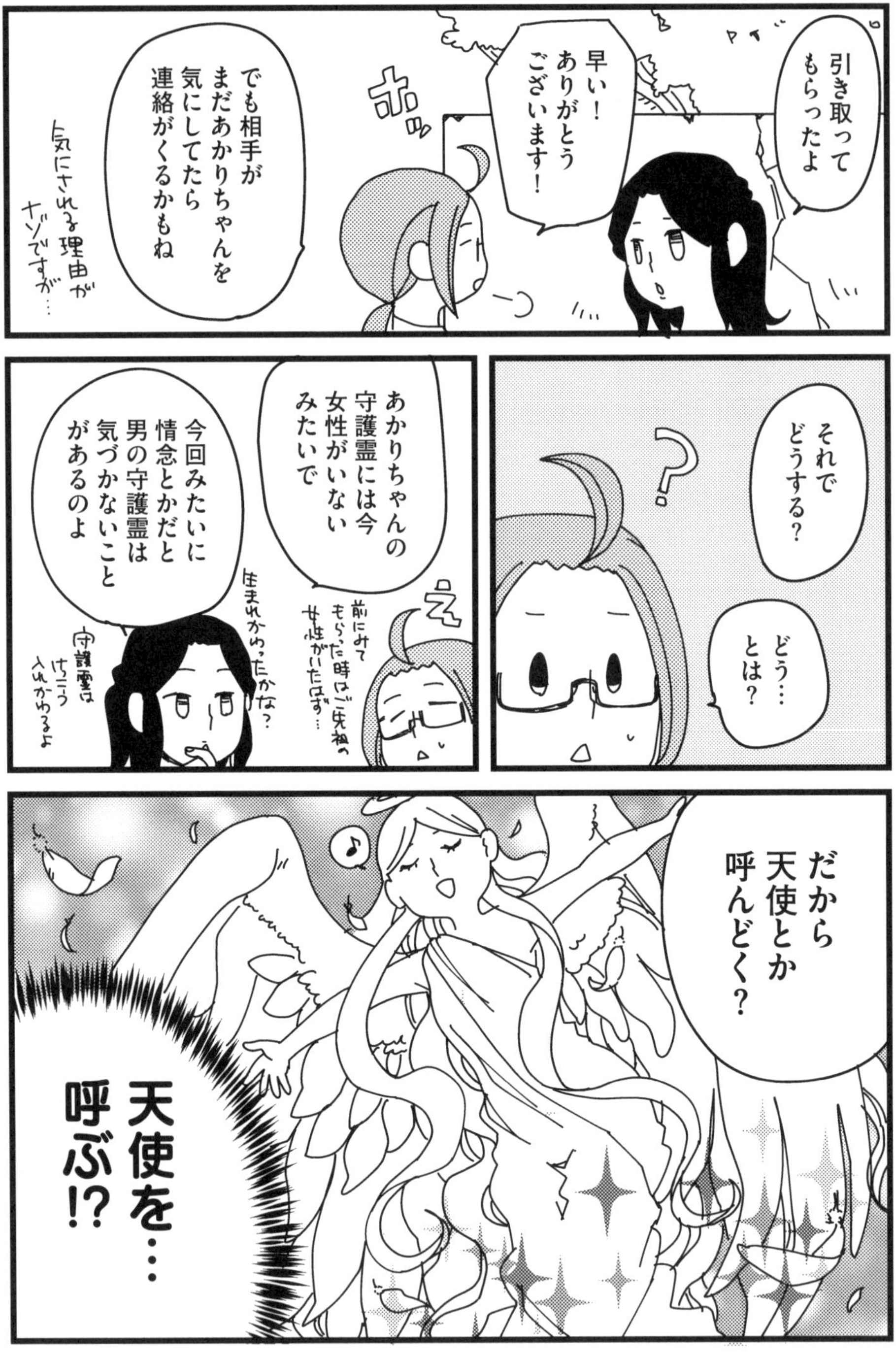
引き取ってもらったよ
早い！ありがとうございます！
ホッ
でも相手がまだあかりちゃんを気にしてたら連絡がくるかもね
気にされる理由がナゾですが…
それでどうする？
どう…とは？
あかりちゃんの守護霊には今女性がいないみたいで
え
前にみてもらった時はご先祖の女性がいたはず…
生まれかわったかな？
今回みたいに情念とかだと男の守護霊は気づかないことがあるのよ
守護霊はけっこう入れかわるよ
だから天使とか呼んどく？
天使を…呼ぶ!?

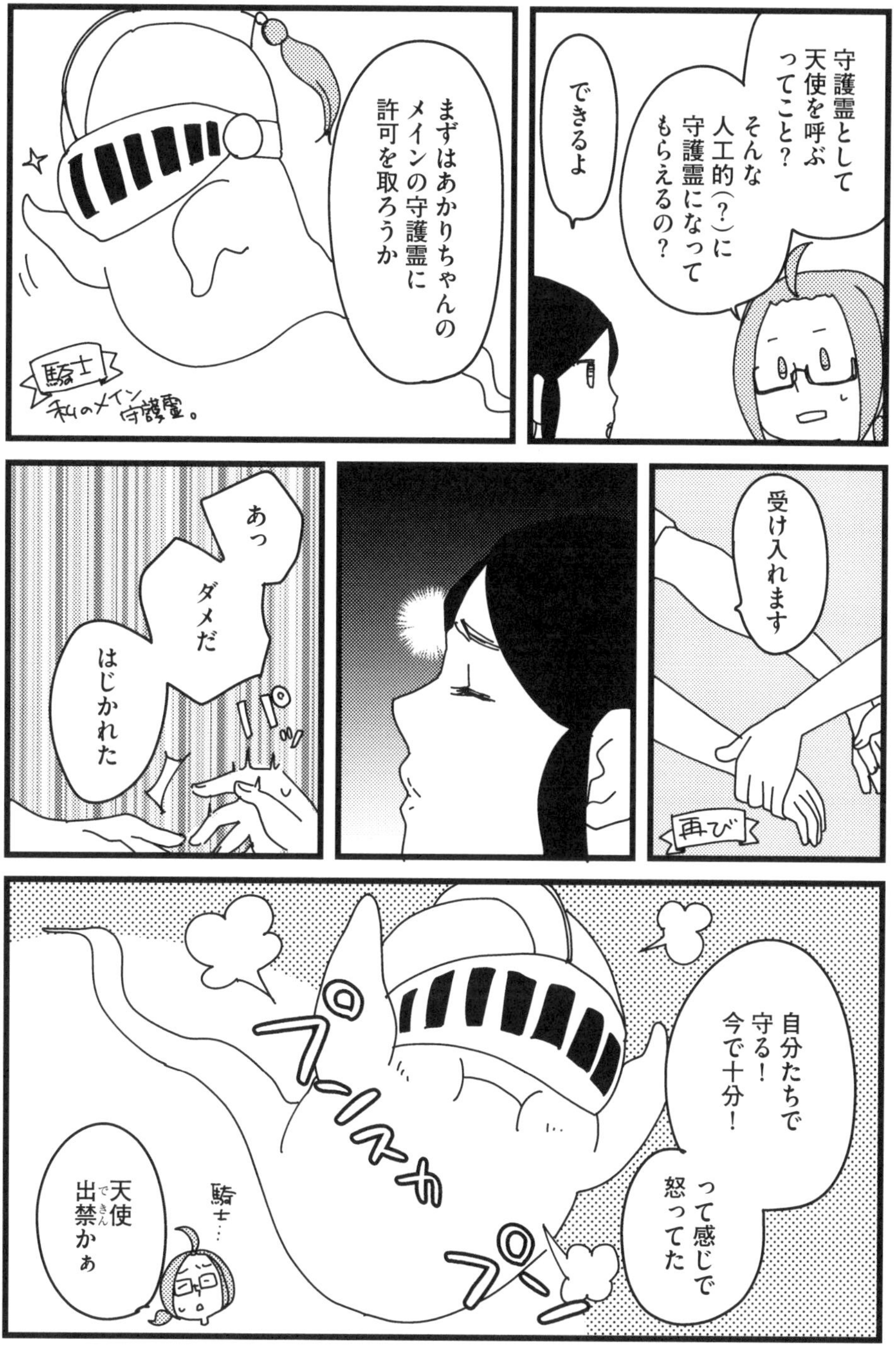
守護霊として天使を呼ぶってこと？
そんな人工的（？）に守護霊になってもらえるの？
できるよ
まずはあかりちゃんのメインの守護霊に許可を取ろうか
騎士
私のメイン守護霊。
受け入れます
再び
あっ
ダメだ
はじかれた
自分たちで守る！今で十分！
って感じで怒ってた
プンスカ
騎士…
天使出禁《できん》かぁ

呼べないなら
自分で
気をつけますわ…
物理的なことからは
守ってくれるらしい
ありがとね
(視えないけど)
改めてチェンマイの
サタデーマーケット
めぐりへ
サタデーマーケット
って市場じゃなくて
お祭りなんですね
JUICE 30B
30B
何か目的
あったり
します？
買い食《ぐ》い！
サイウア
(ソーセージ)
たべるんだ
私は
アクセサリーかな
サンデーマーケットより
サタデーマーケットのほうが
銀細工の店多いんだって
かわいい
ピアスほしい
※サンデーマーケットは
日曜に
ちがう場所で
やります。
へぇ～

あっ
銀細工なら
指輪欲しいな
飾りのない
シンプルなやつ
これからインド
いくからね
持ってたけど
日本にだれて
きちゃった…
?
インド?
指輪?
セクハラ防止に
指輪はけっこう
有効なんだよ…
へえ〜!
モロッコ行った時
通りすがりに
求婚されてたのが
指輪ひとつで
ピタッ…とね
へーーーッ
あかりちゃん
コレ!
パワー
強いよ!
ビュッ
カーーッ
ゴツい!
それか
コレ!
いや…
あの…
シンプル
なのが…
ピカッ
コレは!?
いや
シンプル
なのが…
キラッ

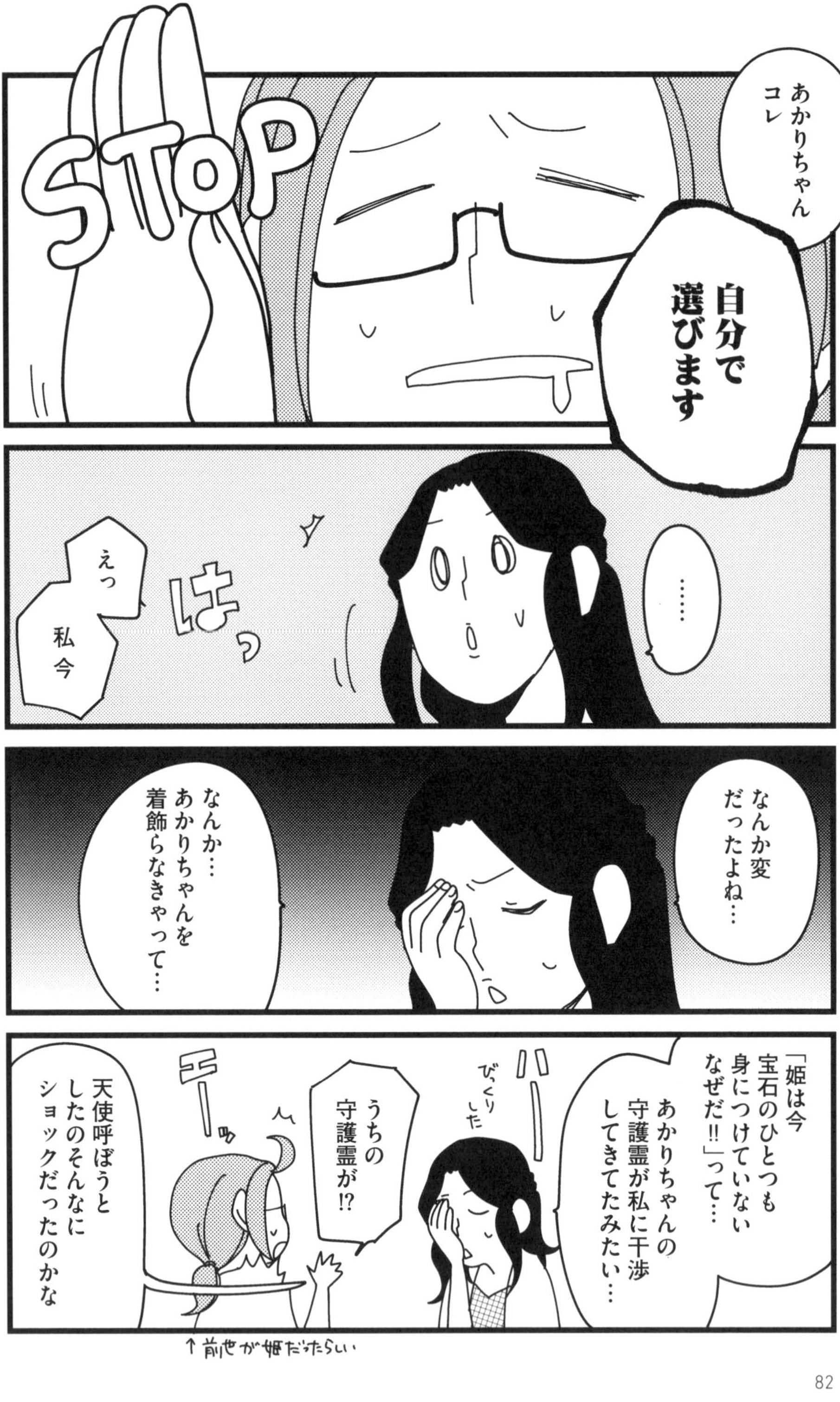

あかりちゃん
コレ
自分で
選びます
STOP
……
はっ
えっ
私今
なんか変
だったよね…
なんか…
あかりちゃんを
着飾らなきゃって…
「姫は今
宝石のひとつも
身につけていない
なぜだ!!」って…
あかりちゃんの
守護霊が私に干渉
してきてたみたい…
ハー
びっくり
した
うちの
守護霊が!?
エー
天使呼ぼうと
したのそんなに
ショックだったのかな
↑前世が姫だったらしい

とにかく天使から意識をそらそうとしたっぽい
宝石いらないし天使もいなくて大丈夫よ…
なんという…
その後は
ヒトヅマです!!(ウソ)
ちゃんとシンプルなのを買えました。
宿。
ド
ガ
あ〜〜〜長い1日だった
携帯われたのマステ貼ってごまかすか…
ゴロン
…お
オタ友SさんからDMきてる
なんだ
めずらしいなヒミツの話か?

オタク友だちのSさん
あかりさんが悪魔祓ったらしいって友達にいったら
その子の友達が今おばけに憑かれてるらしくて助けてほしいっていってるんだけど
!?
はっ
とりあえずその子にあかりさんのアカウント教えた
霊能者の紹介とかお祓いとか何か頼めない?
生霊…
この人かて!!
コレか〜!
もしもし Wさん?
今日はドウモ…
あの 霊能者を紹介してほしいって友だちに言われて…
ハイ 仕事としてで…
メアド教えていいよ
次の日
生霊の答え合わせできたね

※紹介は基本的に今はどなたにもしません。問い合わせないでね。

やっぱ
同じ人
でした？
うん
その人に憑いてる
おばけ どんな感じ
でした？
憑かれてるって
よりは自分で
呼んじゃうみたいで
はらえそう？
呼ぶタイプは
祓ってもまた
呼んじゃうから
やってもたぶん
ムダになる
タヴィに
相談したら
パティシエくんが
やった自分でやる
お祓い儀式をやって
もらうといいって
前話参照
タヴィ
修行した寺の人
アレって
あの寺じゃ
なくても
できるの!?
あの米ペタペタするやつよね!?
タマチャンって省いてもいいやつなの!?
できるんだって
3日間の儀式の
あとにするお供えも
お寺じゃなくて神社や
教会にいくのでも
いいんだって
お寺で聖水かけてもらうのとか
必須じゃないんだね

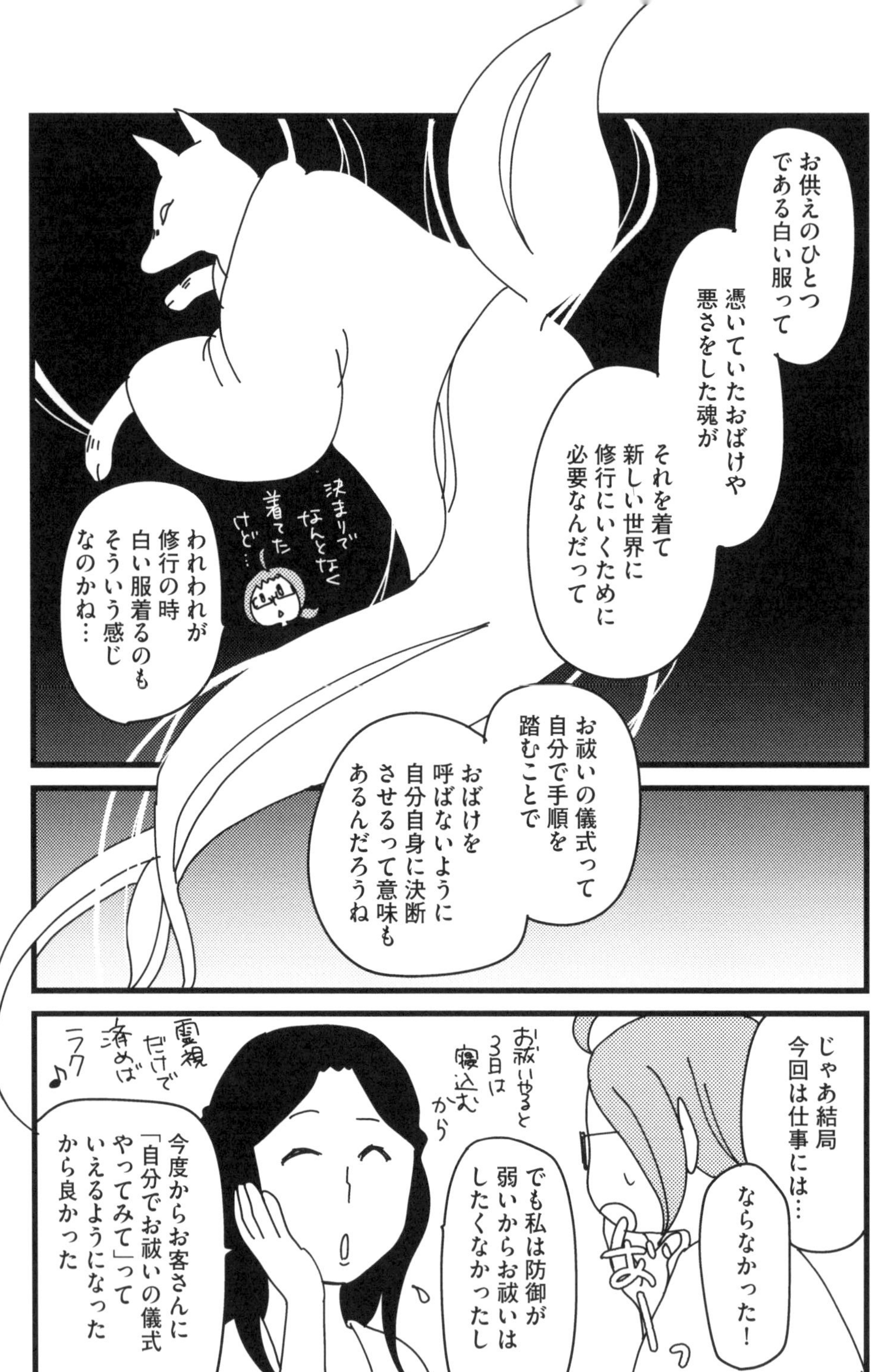
お供えのひとつである白い服って
憑いていたおばけや悪さをした魂が
それを着て新しい世界に修行にいくために必要なんだって
決まりでなんとなく着てたけど…
われわれが修行の時白い服着るのもそういう感じなのかね…
お祓いの儀式って自分で手順を踏むことで
おばけを呼ばないように自分自身に決断させるって意味もあるんだろうね
じゃあ結局今回は仕事には…
ならなかった！
お祓いすると3日は寝込むから
でも私は防御が弱いからお祓いはしたくなかったし
霊視だけで済めばラク♪
今度からお客さんに「自分でお祓いの儀式やってみて」っていえるようになったから良かった

タイに戻ってきた理由のひとつはレイキのレベル2を習うこと
ミキさん りろさんは もう 受けたよ
あかりちゃん戻ってきてるんだって? レベル2の伝授しようよ
R子さん
レイキの先生
※レベル1から21日たつとレベル2を受けられる
すっかり忘れてた～
そうでした

8 この世は思いどおり

今回も体の一部に手を触れていく儀式を受けたのだが
ぐーーる
ぐーーる
ブツ
何か言ってる…
レベル1は4回
レベル2は3回の
儀式を一度に
受ける。
やっぱりよくわからなかった

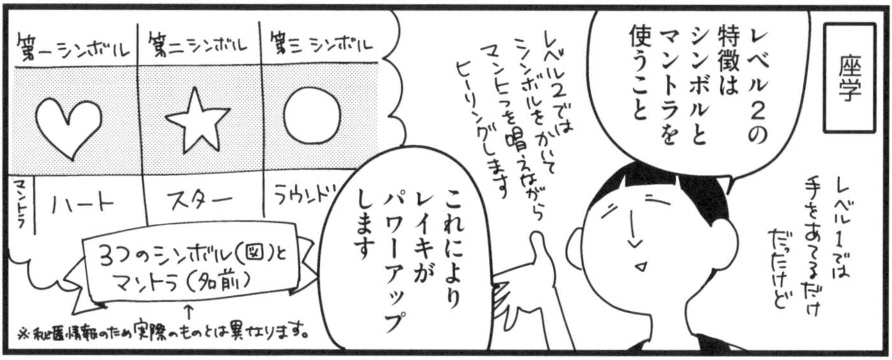
座学
レベル2の特徴はシンボルとマントラを使うこと
レベル1では手をあてるだけだったけど
レベル2ではシンボルをかいてマントラを唱えながらヒーリングします
これによりレイキがパワーアップします
第一シンボル 第二シンボル 第三シンボル
マントラ ハート スター ラウンド
3つのシンボル(図)とマントラ(名前)
※秘匿情報のため実際のものとは異なります。

それと
第三シンボルを使うことで
レイキが時空を超えられる
ようになるから
遠く離れた相手や
過去や未来にも
レイキが送れる
ようになります
ぽか〜ん
第三シンボルを書き
マントラを3回唱えて
つながりたい相手の
名前をいってつながります
ついていけてない感じがするぞ
過去や未来に送る時は
日時を指定したり
「あの時こうという状態
だった私」みたいに具体的
に指示をします
相手の個人情報や
日時指定を紙に
かいて指にはさむ
方法もあるよ
前にお寺でレイキを
習った時は少し離れた
相手にレイキを飛ばす
練習をしたんですけど
送るっていうのは
そういう感じ
なんですか?
送るというか
飛ばす感じ
だった
距離が遠くなると
届くイメージが
むずかしそう…
何それ
違うの!?

レイキを飛ばすって
いうよりも
うーん
相手をこっちに
もってくるて
感覚が近いかも
相手が目の前に
いるイメージで
普段どおりヒーリング
をすればＯＫ
ここらへんが
お腹のはず…
エア
施術!
イメージ体に
ヒーリングをする
さっきやった
伝授の儀式も
遠隔でできるから
レベル３はそう
してもいいかも
どこでも
できて
便利♡
ただでさえ
よくわからない
のにそれは
ちょっと…
ちなみにレベル３
は何ができる
ようになるんですか
シンボルマントラ
がひとつ増えるよ
レイキが
完全なものに
なります
完全…
R子さんって
ガンを治せる
ヒーラーだって
聞いたんですけど
そういうことが
できるようになる
ってことですか?
えっ
ガン
治したこと
ないよ!?
ガセ
情報!

病気はその人自身が作り出したものだから
意識が変われば治る…ってことはあるけど
レイキが流れることによって意識が変わることはあるかも
レイキ自体が病気を治すわけではないというか
ユタの家系の人 Y田さん
私も以前「女として生まれた悲しみからできた」ていう子宮筋腫《しきゅうきんしゅ》を取ってもらったことが…
ハッ
スピ旅無印より
紙・電子で発売中！買ってね！
そういう感じ…？
そう！
自分を取り巻く世界はすべて自分が作り出しているんだよ
この世界の仕組みだよ
あかりちゃんは「女に生まれてこなければ…」って思って子宮筋腫を作り出したし
たとえば耳が遠くなった人は「誰の話も聞きたくない」って思ったことがあるはず
何もききたくない
なんて？
潜在意識が現実をかなえようとするから
かなった時には願ったことを忘れてしまっていたりする
潜在意識は深層心理…つまり本音ってことね

どちらにせよ
「この世界は自分が
作り出している」って
意識でいれば
よくも悪くも
全部叶う
この世は全部
自分の思いどおりに
なるよ
意図してクチに出すと
脳がそれをかなえようと
動くんだよ
前も
説明したと
思うけど
されましたっけ
説明…
うーん…
でも生まれつきの
病気とかだと
望みようがない
ですよね
親がそれを
望んで産んだとか
前世的な
理由も
考えられる
けど…
うーーん
そんな親
います!?
呪いじゃん
自分から絶対
離れていかない
子がほしかった
とか…

そういえば以前「アウェイクニングコースを受けると両親との仲が改善されるはず」って伝えたと思うけど
一時帰国した時どうだった？
ワクワク
え…
いや…うち親子仲良しっていいましたよね…？
そんなわけないよ!!
はい!?
親子の関係は生まれて初めての「コミュニケーション」
親子関係が良かったら愛で満たされて愛があふれている人になってなきゃおかしいの
BIG LOVE…
ス…
あかりちゃんはそうは見えないじゃない
ハア…

つまり あかりちゃんと
ご両親の間には
絶対に問題が
あるってことだよ!
ないよ
思い出して!
何かあるはず
わかれば
解決はすぐ
だから
なぜか
必死
ないもんは
出せないよ
それですべての
人間関係もうまく
いくようになる
私が実感して
感動したことを
あかりちゃんにも
体験してほしい
あかりちゃんも
ご両親に愛され
なかったことを
受け入れて!
愛あふれる人
になって!!
いや とても
愛されて
育ちました
ワァ…
失礼だよ

両親となんの問題もなく仲の良い家族って本当にいるんですよ…
信じられないかもですけど…
間違った愛し方とかの可能性もあるよね
これが「答え」だよ
ダメだコリャ
むしろ私とこの人のコミュニケーションがうまくいってないのでは…
両親より目の前の私を見てくれ…
「自分のメソッド」に例外がないと思ってるのちょっと怖いな…
そういえば前の時も
前回のレイキの後
私の理想はね「リピーターがつかない」ってことなの
えっ
どういうことですか

だいたいの症状を1回で治すから
リピートする必要がないってこと
強《つよ》っ
それはヒーリングですか？マッサージですか？
スゴッ
症状によるかな
技術的に一回で治すのはもう出来る
私も腰痛《ようつう》が消えるなら受けたいです
受けた
ぐあああ
※神経を物理でズラす系の技術なので死ぬほどいたい。
どう？
ハー
い…痛かった…
じゃなくて腰！

ヨッ
ビ〜〜
……
えっと…
まぁ少し
軽くなった…
と思います…
今まで
腰に無理を
させすぎたんだよ
ヨッ
それは
そうなん
ですけど
もう一回
くらい受けた
ほうがいいかも…
ヨッ
1回で
治すのでは!?
あかりちゃんが
腰痛を自分で
作り出した
から…
——ということがあり
※2回受けた。治りませんでした。笑

私は望んで腰痛を作り出したのか?
両親との関係さえちゃんとすればいろんなことが解決する!
答えは断じて否《いな》!!!
勉強になりましたわ…
でしょ!
へら
レイキのレベル3はまた21日間のセルフヒーリングを終えたら受けられるようになるからね
あと今回の伝授でシャンバラレイキも使えるようになったからね
あー今のところはまだ受けるかどうか…
ちょっとインドとかいってから考えます
インド

インドはオススメの場所がいっぱいあるよ!
瞑想施設とか!
あっ
瞑想! このあとタイでもヴィパッサナー寺いこうと思ってます
こういう情報くれるのはありがたいんだけどなぁ
瞑想しながら年越ししようと思って
あ 瞑想施設でレイキってやっても大丈夫ですかね
全然大丈夫だと思うよ
楽しんできてね!
良いお年を〜
……
レベル3はほかの人から習おう…
R子さんの願い「リピーターがつかない」はかなったのだった

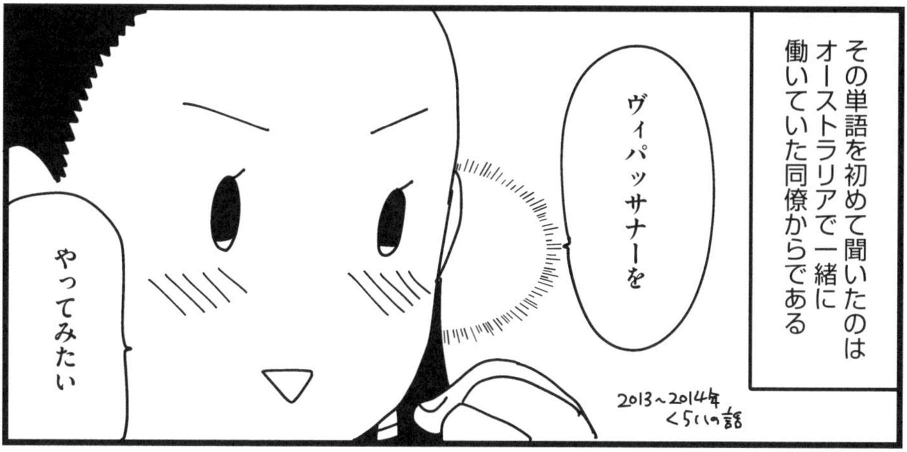
その単語を初めて聞いたのは
オーストラリアで一緒に
働いていた同僚からである
ヴィパッサナーを
やってみたい
2013～2014年
くらいの話

9 ヴィパッサナー体験

ヴィ……
なんて？
ヴィパ…
ヴィパッサナー
10日間《とおか》
瞑想するやつでしょ
知ってる
それ！
これからみんなでタイいくじゃん
やりたい候補にどう!?
良さそうな感じがするのよ
ああ
タイに体験できる施設があるのね？
いやでも

ワーホリ終わりの旅行計画だった。

ヴィパッサナーって 10日間ひたすら 瞑想するんだよ
会話はもちろん 目を合わせる ことすら禁止
携帯やメモ なんかも預けて とにかく自分と 向き合う修行だよ
NOTE
3人でいく ようなトコじゃ ないでしょ
バッ
それは そうだね
会話できないし…
10日間は 長いしね…
私2週間で帰るし…
ほかに優先 したいことが あるなぁ
私は30日いるけど
あきらめるか〜 ひとりでいくのは ちょっと怖いんだよねぇ
それは わかるけど…
ゴメンネ…
この後ジャプーの寺に行くことになる
その数年後
2016年くらい
ヴィパッサナー するのって 大事だなって
10日間 瞑想する やつ？
それそれ
豪華客船の同僚
まなみちゃん

2016～2018の世界一周中に出会った人たち
続々と出てくる体験者
ヴィパッサナー良かったな
呪われて思ったけど瞑想は必要
タイで出会ったR
ヴィパッサナーいいよ
瞑想の先には快楽があるよ
ポルトガルで出会ったA
無料でヴィパッサナーはいいぞ
メシと宿が与えられるぞ
モロッコで出会ったS
旅人って普通ヴィパッサナーするもんなの？
そんなバカな
追いうち
いいトコあるよ！
タイの北部にヴィパッサナーできるワットタムウアってお寺があってね
あかりもいくといいと思うの
ジプシーの寺で一緒になった修行者
場所教えるね～！
へえ～
今度いってみようかな…？
やっぱみんなヴィパッサナーしとる！

そしてついにヴィパッサナー寺のワットタムウアへいくことを決意
※ヴィパッサナー施設は世界中にあります。日本にもあるよ。
パーイまで1枚
12時半のチケットならあるよ
チェンマイから3時間ほど北上しパーイへ
そこからさらにメーホンソーンいきのバスに乗り換えの予定だったが
メーホンソーンいきワットタムウアまで
明後日《あさって》までチケットないよ
瞑想しながら年越ししたいって思ったけど
明後日ってもう来年だな!?
ヴィパッサナーそんなに人気なの!?
えっと
どーしよ
この時季はタイ人も里帰りするからチケットはずっとキャンセル待ちだよ
どうしてもというなら車をチャーターで料金は8千バーツ
※3万円くらい。多分年末価格
やだ〜っ
高いヨー!!
とりあえずパーイに1泊することに
キャンセルが出てないか確認しにバス停にこまめに通う↓
年末のせいか宿もばか高《たけ》ぇ連泊したら死ぬ
3倍する…
ん?
TOUR
Long Neck
アッこの首長族のツアー!
メーホンソーンにいくよね!ワットタムウアの前も通る!?
明日の席ある!?
これいくらする!?
1000Bだよ
通らない…
けど寄れるかもしれない
店の人
マジで!?
チェンマイ行きバスも完売なので戻れない

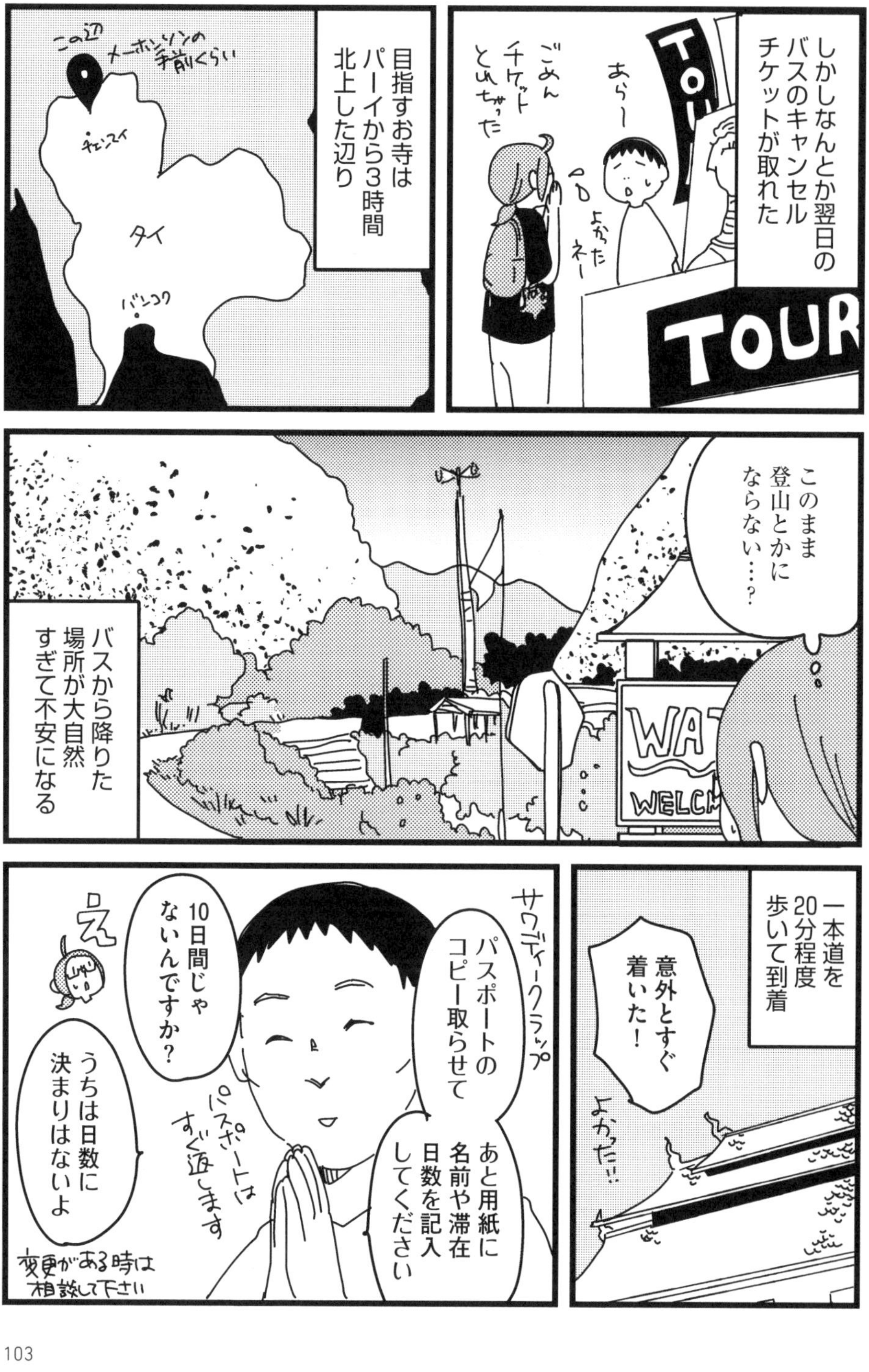
しかしなんとか翌日の
バスのキャンセル
チケットが取れた
TOUR
あら～
よかった
ネ～
ごめん
チケット
とれちゃった
TOUR
目指すお寺は
パーイから3時間
北上した辺り
この辺
メーホンソンの
手前くらい
チェンマイ
タイ
バンコク
このまま
登山とかに
ならない…？
バスから降りた
場所が大自然
すぎて不安になる
WA
WELC
一本道を
20分程度
歩いて到着
意外とすぐ
着いた！
よかった!!
サワディークラップ
パスポートの
コピー取らせて
あと用紙に
名前や滞在
日数を記入
してください
パスポートは
すぐ返します
10日間じゃ
ないんですか？
え
うちは日数に
決まりはないよ
変更がある時は
相談して下さい

一番のルールは絶対に朝昼晩のグループ瞑想に参加すること
・歌うこと
・踊ること
・過度な肌の露出
・ヨガやエクササイズ
・生き物を殺すこと
・肉を食べること
は禁止してるよ
虫も殺しちゃダメだから蚊よけスプレーを使ってね
あれ？
会話とか目を合わせるのは禁止じゃないんですか？
会話も目を合わせるのもOKです
あんまりうるさいのはダメだけど
厳しくやりたい方は胸にカードをつければ誰も話しかけません
SILENT & Happy
話しかけないでねカード
一日のスケジュールはこんな感じ
あまった時間はセルフ瞑想をして下さいね
0
ねる
起きる
6
朝食
托鉢
朝グループ瞑想
托鉢
昼食
12
昼グループ瞑想
そうじ&休憩
18
夜グループ瞑想
自由
ごはんは朝と昼の2回のみだけど
16時のそうじの後にコーヒーとかは用意するよ
耐えられなかったら売店があるからそこで何か買って食べても大丈夫です
売店では1日30BでWi-Fiも使えます
ゆ…ゆる〜〜〜い

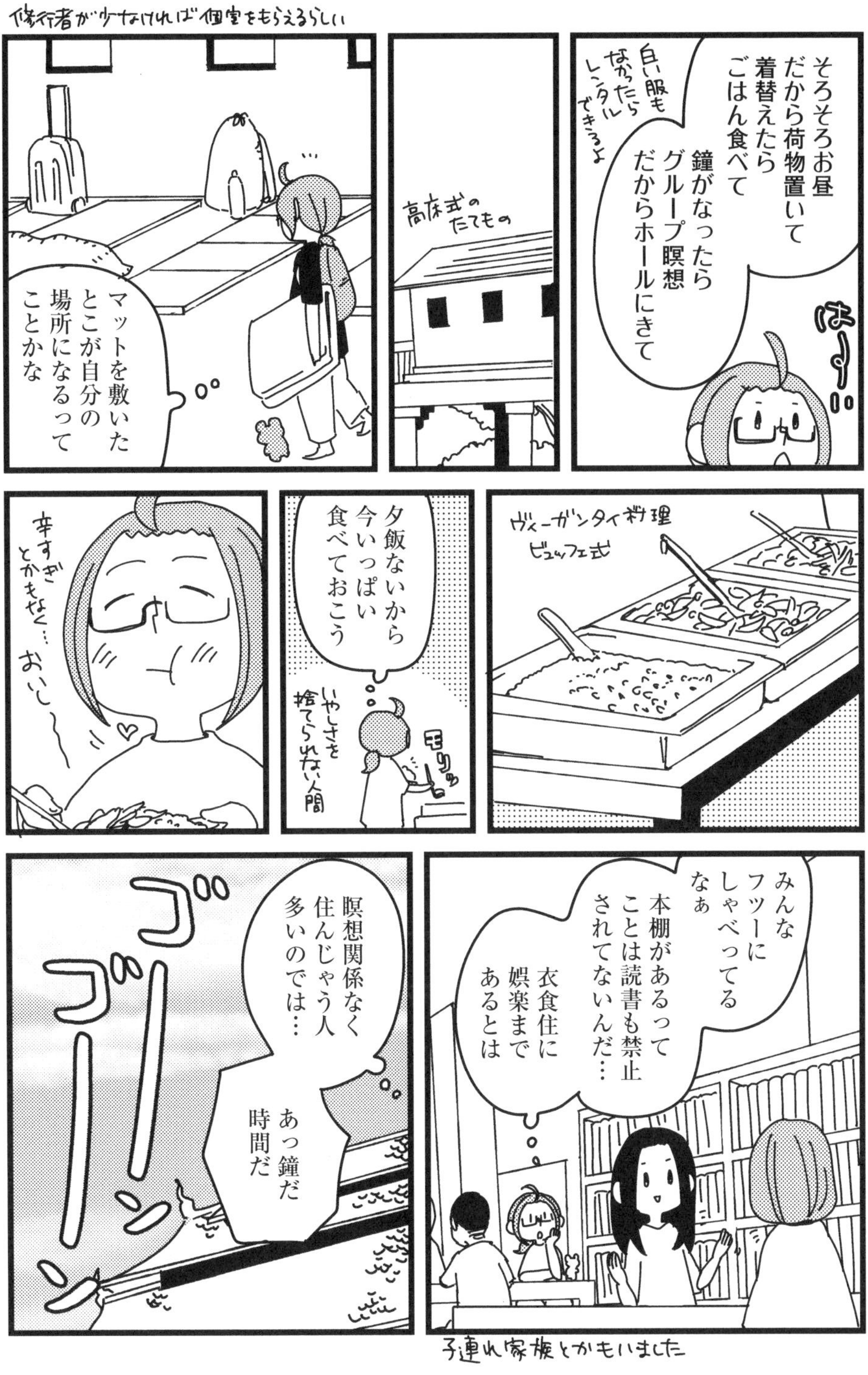
修行者が少なければ個室をもらえるらしい
そろそろお昼 だから荷物置いて 着替えたら ごはん食べて
鐘がなったら グループ瞑想 だからホールにきて
白い服も なかったら レンタル できるよ
はーい
高床式の たてもの
…
マットを敷いた とこが自分の 場所になるって ことかな
ヴィーガンタイ料理 ビュッフェ式
夕飯ないから 今いっぱい 食べておこう
いやしさを 捨てられない人間
モリッ
辛すぎ とかもなく…
おいし〜
みんな フツーに しゃべってる なぁ
本棚があるって ことは読書も禁止 されてないんだ…
衣食住に 娯楽まで あるとは
子連れ家族とかもいました
ゴーン
ゴーン
瞑想関係なく 住んじゃう人 多いのでは…
あっ鐘だ 時間だ

だだっ広《ぴろ》いホールに80人くらいの修行者が集まってきて
座布団《ざぶとん》を敷いて自分の場所を確保する
↑西洋人は床に座りなれてないのでイスも使ったりしていた
あれっ
なんでみんな外に…？
朝と昼のグループ瞑想では最初に「歩く瞑想」をする
とりあえずついていってみる
ヴィパッサナーは「今の自分を観察する」という瞑想で
「歩く瞑想」は歩きながら行動を実況することで自分に集中するのが目的になっている
合掌して目をつぶって
ゆーーっくり歩く人が多いので真似している
1歩踏み出すごとに5秒くらいかけて心の中で実況していく
って食堂にあった本にかいてあったのを後で読んだ

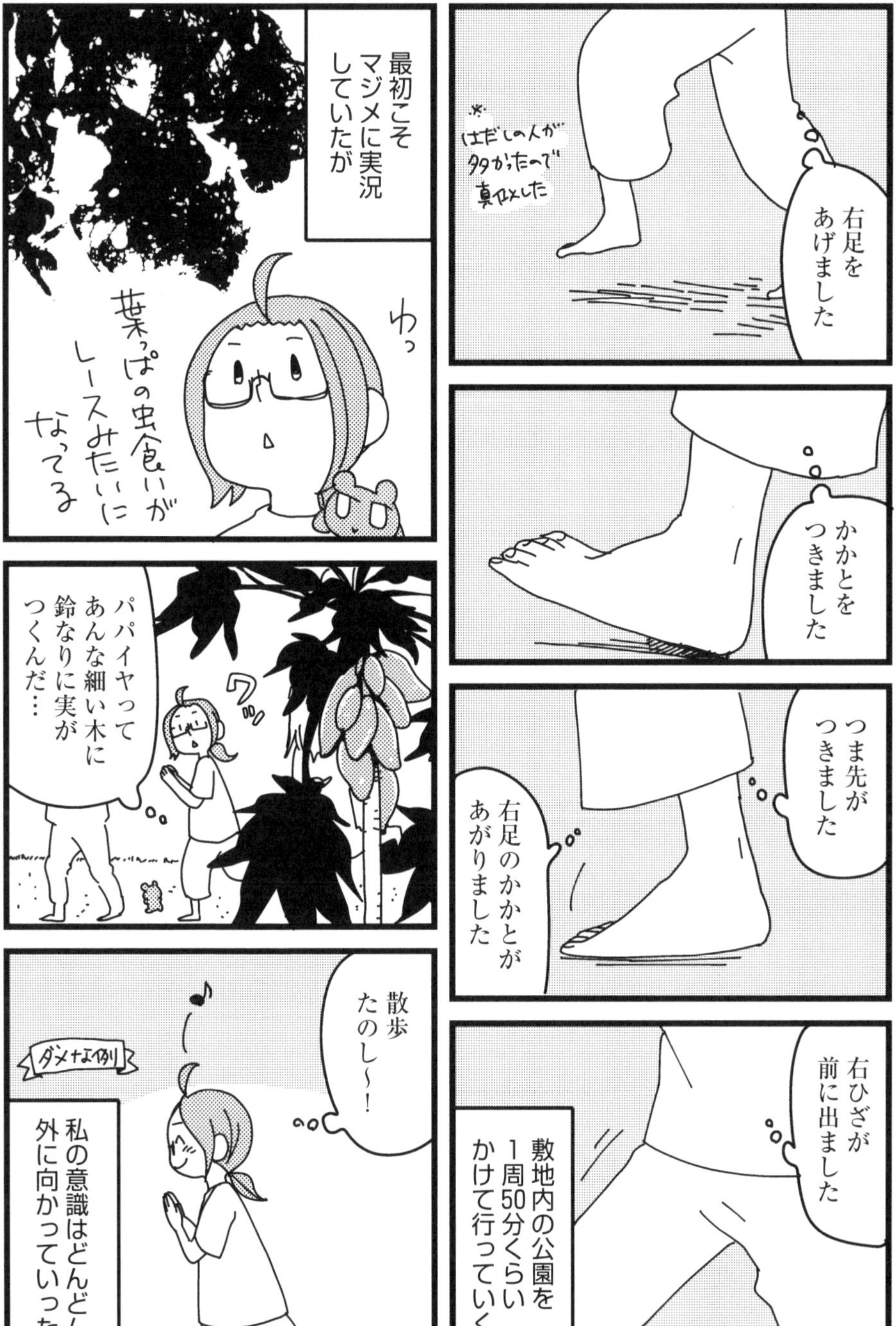
※はだしの人が多かったので真似した
右足をあげました
かかとをつきました
つま先がつきました
右足のかかとがあがりました
右ひざが前に出ました
敷地内の公園を1周50分くらいかけて行っていく
最初こそマジメに実況していたが
わっ
葉っぱの虫食いがレースみたいになってる
パパイヤってあんな細い木に鈴なりに実がつくんだ…
ワッ
散歩たのし～！
ダメな例
私の意識はどんどん外に向かっていった

「歩く瞑想」が終わったら「座る瞑想」
30〜45分くらいやる
この時ついで(?)にレイキでセルフヒーリングをしていた。
息を吸って吐く…ということだけに集中していく
その後に「寝る瞑想」
head…
neak…
Shoulder…
お坊さんにいわれた順番に体の部位の力を抜いていく
ガチ寝しないように注意
夜は「歩く瞑想」が読経に変更になる
ナーモー
ターサー
パカワトー
アラハトー
サマー
知ってるお経だ…
インドとスリランカも同じ音で唱えられるよ
1日約6時間のグループ瞑想のほかはほぼ自由時間
自主瞑想ってことに一応なってる。
この托鉢《たくはつ》ってなんだ!?
ご近所にごはんを乞《こ》いにいくのかな…?
?
でも周りに民家なんてなかったような…
スケジュール
翌朝6時半
はい
えっ
ごはん!?

「托鉢」とは
お坊さんにごはんを
わけ与えることだった
これにより
徳があがる
らしい
フム
お坊さんの
人数分に
ごはんを分割…
残さず
あげちゃって
いいっぽい…
キョロ
さらに修行にきている
尼《あま》さんに道や順番を
譲ったりしても徳が
積めると教えてもらった
ハートのピノを見つけた時と同じ気持ちになる
ラッキー
道をゆずったぜ
いやこんな
茶番で徳が
積めるわけ
ないでしょ
ちゃんと
寄付《きふ》とか
していこう…
みたいなことを
考えるな
無になれ
瞑想出来ない人
1日約6時間
瞑想をして
徳を積みつつ
20時間の断食《だんじき》を
10日ほど繰り返すと
なんと
不思議な力が!

なんてことは起こらなかったが
なんか楽
ぽやーー…
人生で一番ピースフルな気持ちの新年を迎えたかもしれない…
人と話さないっていうのが一番いい気がする
コミュニケーションをしないって最高なんだな…
ストレスの原因に気づけたのは良かった
そして下界に降りてみたら今まで当たり前だったことがストレスになったので
情報量
音すご
オワン
人多
ウ
化学調味料…
ある程度鈍感なほうが生きるのは楽だなってことにも気づいてしまった

Column 1

邪気は風になって体外に出る

邪気とは悪い気です。負の感情、トラウマ、心霊スポット、ネガティブな人などによってたまっていき、たまりすぎると病気になったり、おばけを呼ぶ餌になったりします。

私の邪気祓い技術のひとつに、チネイザン（タイに伝わる、気による内臓マッサージ）があるのですが、その教えの中で「体にひそんだ邪気は風になって体外に出る」というものがあります。風とはくしゃみ、咳、おなら、ゲップ、あくび、しゃっくりなどのことです。

私が邪気を祓った人の描写を、漫画では「スッキリ！」と描いていることが多いのですが（実際そういう感じが多かったのですが）、ジャプー寺では実は聖水をかけられた人のゲップが止まらないことがありました。あくびはリラックスして眠くなった時、おならはマッサージで腸が動いた時、咳やくしゃみは風邪やアレルギーによって出たりするので気にしていなかったのですが、ゲップは炭酸を飲むなど空気が胃に入らないとなかなか出ないし、長時間出しつづけようと思ってもできないじゃないですか。それが、ジャプーの聖水をかぶってからひと晩中止まらないんです。「祓われることにより、本当に邪気は風として出てくるんだ……！」と学びになりました。

少し前にテレビで、イタリアにてエクソシスト（聖職者）が悪魔祓いをするドキュメンタリー番組を見たのですが、そこでも呪われている人が祓われる過程で大量のゲップを吐き出すシーンがあって、「やっぱり……」と確信しました。

レイキを教えていると、生徒さんから時々、レイキのあとに「なぜか咳が出る」「あくびが止まらない」と相談を受けることがあるのですが、そういう経験と知識を積んだことで「邪気は風になって体外に出る」と理解しているので、ニコニコ顔で「それは浄化できてるってことです！」と自信を持って伝えられるのでよかったな〜！と思います。知らなかったら「ヒーリングで逆に具合が悪くなってしまった……!?」と焦ってしまうことでしょう。

ちなみにヒーリングを受けたあと「何も出てこない……」と思っても、焦らないでくださいね。漫画で描いたような「施術後スッキリ！」といったことももちろんありますし、風になって出るだけとは限らないです。浄化の反応のひとつとして「そういうものもある」と覚えておいてください。邪気をスッキリさせる方法は、前巻『スピ旅無印』のコラム2で書いていますので、そちらもぜひ読んでくださいね。

Column 2

潜在意識で願いをかなえる!?

第8話でのR子さんのセリフ「潜在意識（無意識）が現実をかなえようとする」というのは、スピリチュアル界隈では一般的な法則となっています。まだ完全にはつかめていないのですが、「願ったあとに忘れる、もしくは諦めるとかなう」気がしています。たぶん忘れた（諦めた）ことで願いに執着がなくなり「無意識」に届くからだと思っています。

たとえば私はぬいぐるみのヌイチャンが相棒なのですが、子どもの頃「ぬいぐるみとしゃべることができたらいいな」と思ったことが潜在意識にあって、それが大人になってからかなったのだと最近わかりました。きっかけは本棚の片づけで、好きだった少女漫画を発見したことです。魔法少女モノで、主人公の相棒がぬいぐるみでした。ヌイチャンは完全にこれがルーツ……。すっかり忘れていたけれど、かなってよかったです。

また、小学生のころの私の将来の夢は漫画家でした。でもストーリーを作る才能がなかったのでオリジナルの漫画は描けず、趣味でオタク漫画を描くくらいで、プロになろうとは思っていなかったのです。まさか、編集者さんにちょっと旅の思い出話をしたことから漫画家になるとは思わないじゃないですか……（『スピ旅無印』のあとがき参照）。「（旅の思い出を）漫画ではなくイラストで描こう」と思ったとたんにかなった気がするので、これは「諦めて」かなったパターンですね。

ちなみに第3話でディクシャを受けた時に意図した「食べてやせる」はかなう気配がないです。潜在意識の法則は基本的に「現実の法則」を前提とするので、その思いは「食べすぎれば太る」という法則に勝てないわけです。もしかしたらこの先、奇跡が起こるかもしれない……けれど、病気としてかなってしまうと困るので、穏便にいきたいところです。「落書きを仕事にする」は、まさにこの漫画のことですね。「お金をもらって旅をする」はパワースポットのエネルギーをヒーリングとして産地直送するようなことが私の今の仕事になっているのでかなっています。「一生遊んでくらしたい」がかなうかどうかは、まだまだ検証に時間がかかりそうです。

私は最近「他人のおごりで焼き肉を食べたい」といった願いがわりとかなうようになってきました。「食べたい！」と思ったら、後日それができるくらいのお金が手に入るような感じです。その頃には別のものが食べたくなっているけれど、焼き肉のこともすぐに思い出します。やったぜ。

みなさんもぜひ、「願って、忘れる」を試してみてください。

※イギリスのことはスピ旅無印(ぶんか社刊)参照、
スリランカや世界一周のことはぬい旅単行本(竹書房刊)参照でお願いします!

10 インド右往左往

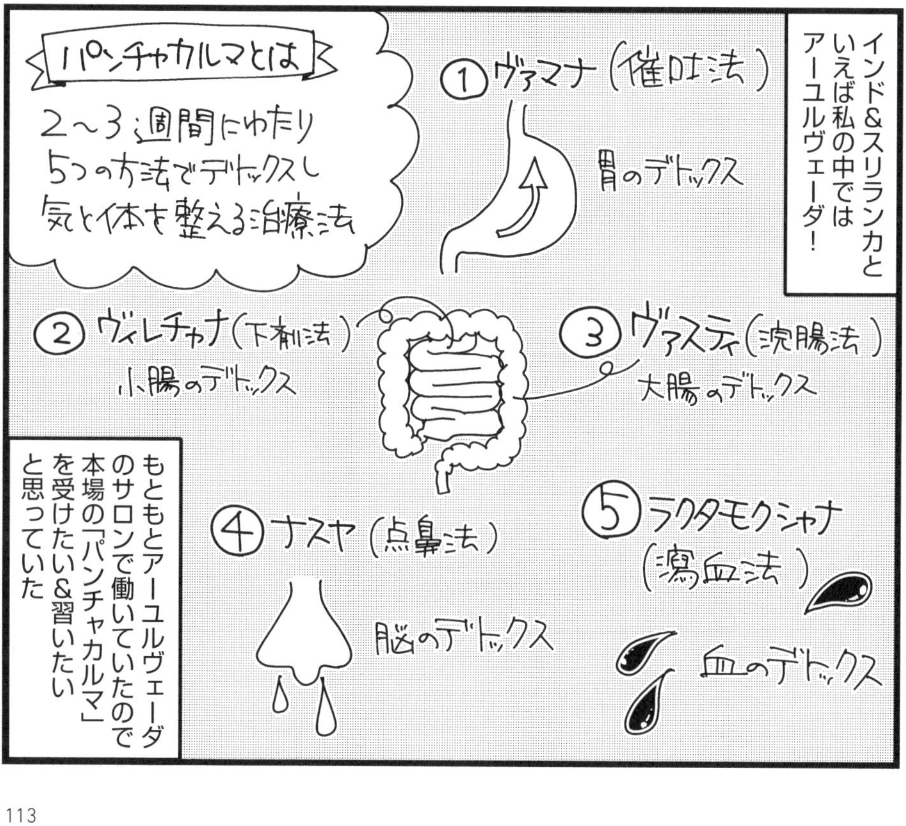

※アーユルヴェーダとはインド&スリランカの伝統医療 ハーブを使う植物療法はアロマテラピーの源流になった

スリランカでも探したがリゾートしかなかった
1泊2万!? 無理だよ！
ネットでも探した…
町のクリニックが見つからなかったので
南インドに学校もクリニックもあると思うよ
カンヌールとか行くといいかも
タイマッサージの学校で一緒だったカップル
オレらカニャクマリいるしくれば？
マジか
いくわ
カニャクマリはインドの最南端
インドで唯一の海から昇る朝日と海に沈む夕日が見られる聖地
ベンガル海《かい》 インド洋《よう》 アラビア海《かい》が交わってて ここで沐浴《もくよく》すると全部のカルマがなくなるっていわれてるんだ
おひさ
久しぶり
無事ついてよかったよ
瞑想ルームとかもあるよ
ヴィヴェーカナンダ岩記念堂
とりあえず1時間くらい瞑想しとく？
1時間…
長いね？
途中で出たくなったら外で待つ感じで

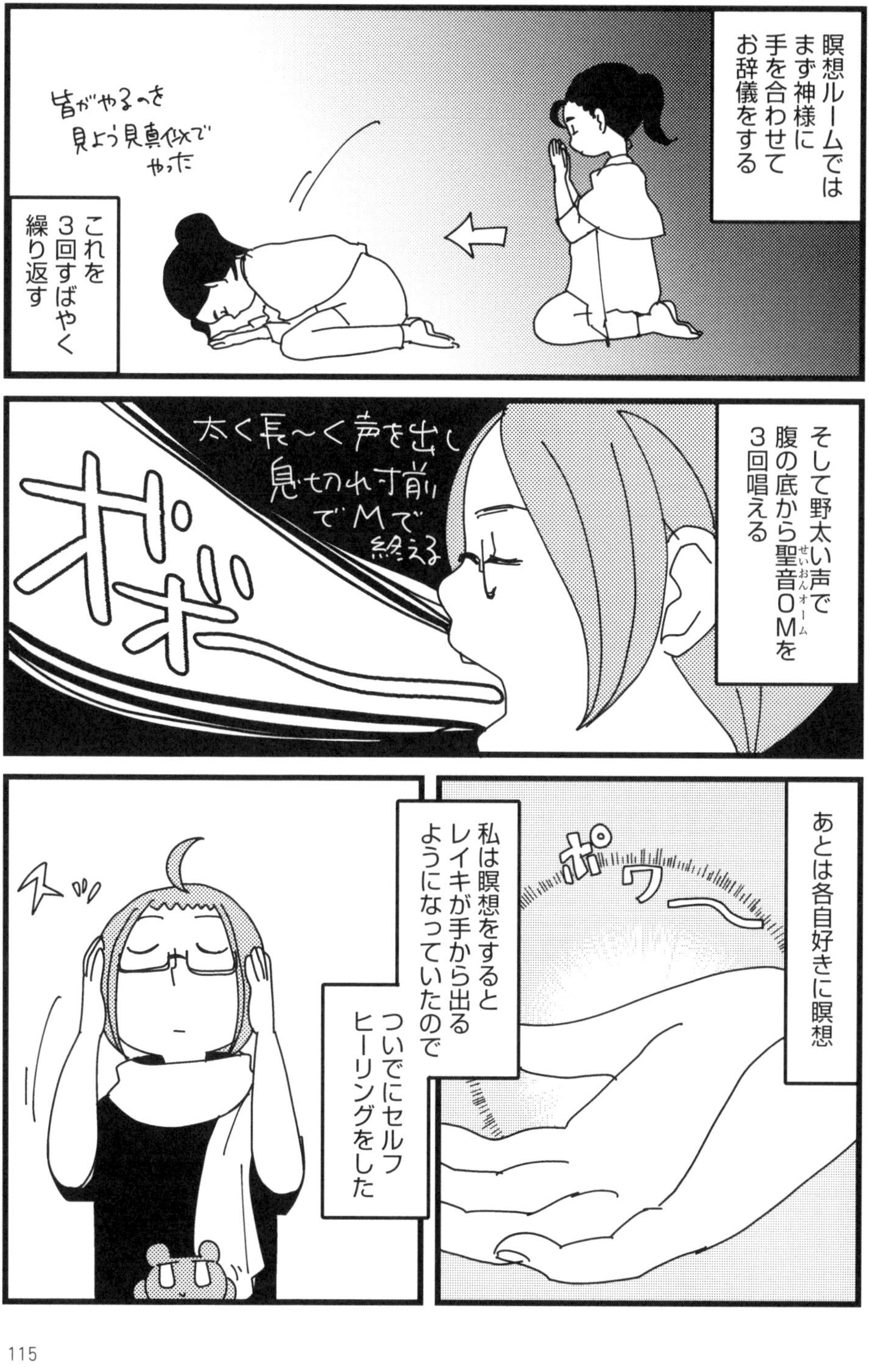
瞑想ルームではまず神様に手を合わせてお辞儀をする
皆がやるのを見よう見真似でやった
これを3回すばやく繰り返す
そして野太い声で腹の底から聖音《せいおん》OM《オーム》を3回唱える
太く長～く声を出し息切れ寸前でMで終える
オ゛オ゛ー
あとは各自好きに瞑想
ポワ～
私は瞑想をするとレイキが手から出るようになっていたので
ついでにセルフヒーリングをした
スッ

ごめん1時間たってた!?
結局一番長かった人
全然いいよ
12時半…
お昼食べるのにちょうどいい時間になったよ
ゴハンいこ
お昼はやっぱピークをはずすの？
混むの？
いや…
こっちは手でカリーを食べるじゃん
開店直後にいくと米もカリーも熱すぎて触れない
ヤケドするぜ
なるほど
南インドの定食は「ミールス」という
へー
バナナの葉っぱがお皿なの！
パシャ
そう
まずコレに水を流して
北インドはターリーと言います。

軽く洗って米とおかずが配られるのを待つ
手とかついてたりするからね
へえ
ちなみにその水は大丈夫なやつなの？
インドは水がやばいって聞くけど…
大丈夫！
机の上にあるサービスウォーターで洗う
インドでは**必然**しか起こらないんだよ
だからこっちで起こる不調はぜ〜んぶ**浄化**ってこと！
飲んでもOK
大丈夫ではない
心配ならレイキでお水浄化すれば？
カレーも辛かったらレイキするといいよ
そういうレイキの使い方もあるのか！
やってみるわ
このおかげかこのあとインドでお腹を壊すことはなかった

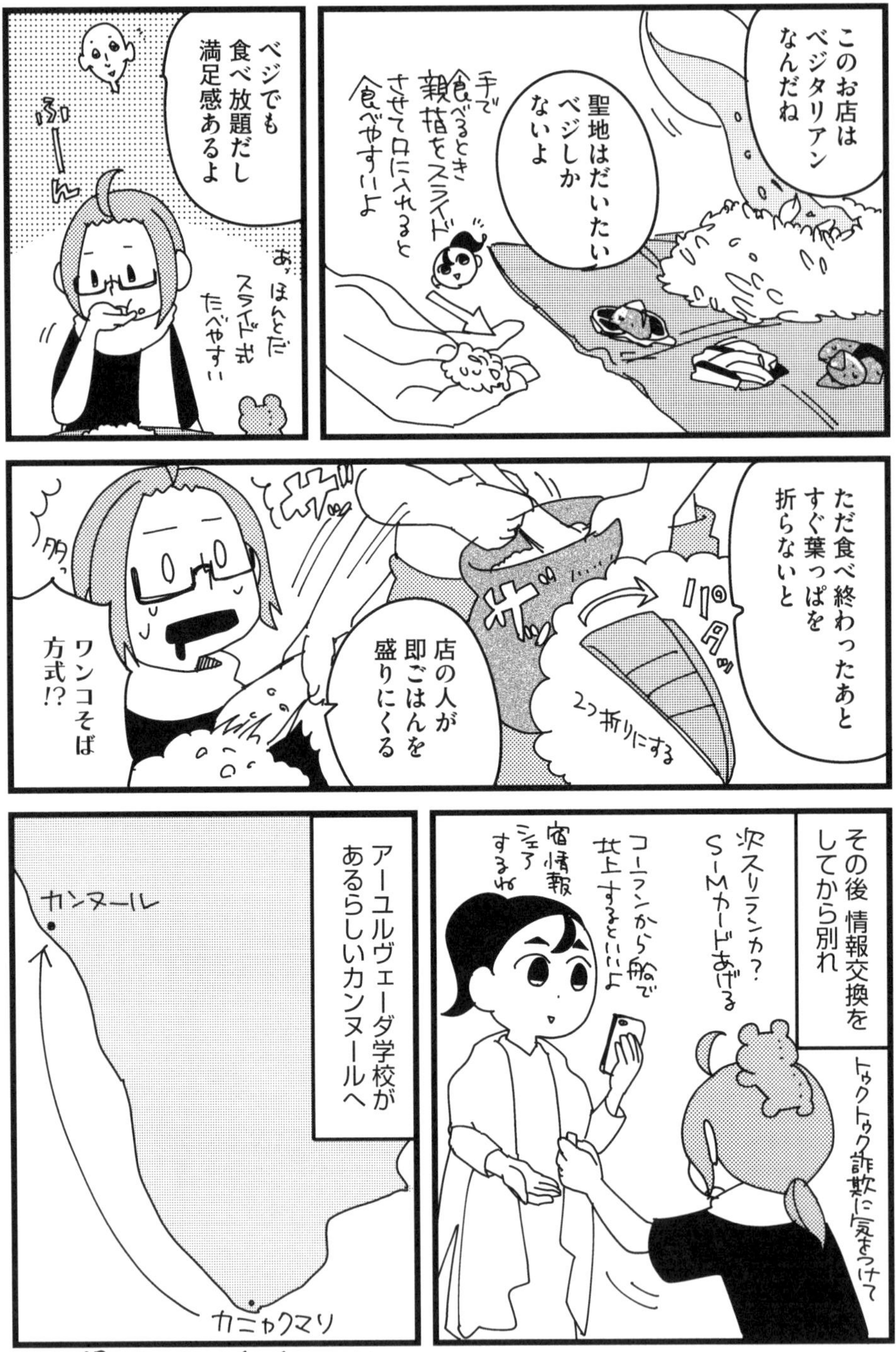
このお店はベジタリアンなんだね
聖地はだいたいベジしかないよ
手で食べるとき親指をスライドさせて口に入れると食べやすいよ
ベジでも食べ放題だし満足感あるよ
ふーーん
あっほんとだスライド式たべやすい
ただ食べ終わったあとすぐ葉っぱを折らないと
パタッ
2つ折りにする
店の人が即ごはんを盛りにくる
ワンコそば方式!?
その後 情報交換をしてから別れ
次スリランカ? SIMカードあげる
コーランから船で北上するといいよ
宿情報シェアするね
トゥクトゥク詐欺に気をつけて
アーユルヴェーダ学校があるらしいカンヌールへ
カンヌール
カニャクマリ

2週間くらいかけて移動してます。

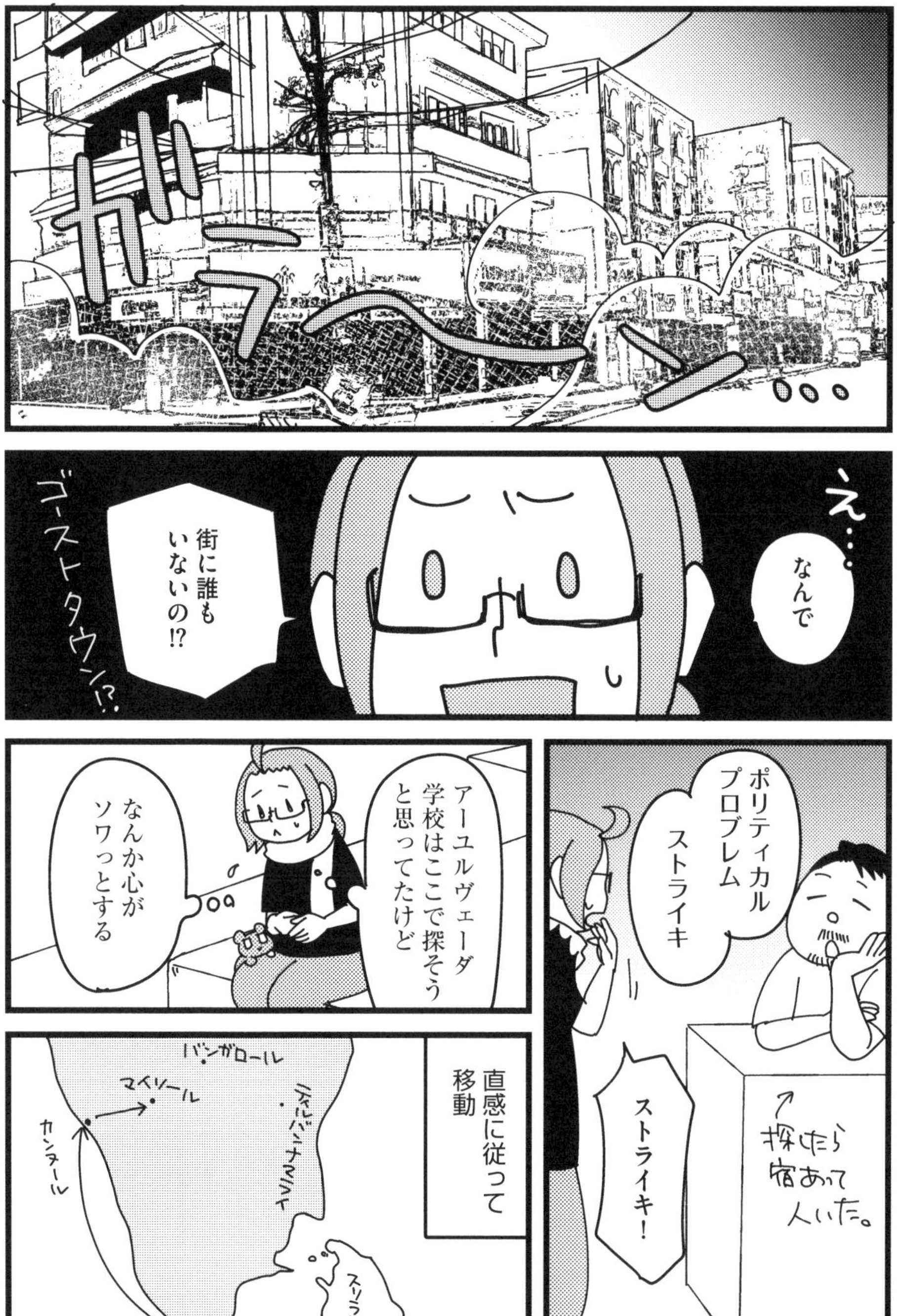
ガラ〜〜ン…
え…
なんで
街に誰もいないの!?
ゴーストタウン!?
ポリティカルプロブレム
ストライキ
ストライキ!
探したら宿あって人いた。
アーユルヴェーダ学校はここで探そうと思ってたけど
なんか心がソワっとする
直感に従って移動
バンガロール
マイソール
カンヌール
ティルバンナマライ
スリランカ
カニャクマリ

バレンタインで地元カップルで満室だったっぽい
マイソールにきてみたものの
なんで!?
キョロ
宿が全然空いてない！
すぐ移動
FULL
FULL
FULL
FULL
次に着いたバンガロールも治安が悪くて移動
バ
物乞いの絶対に無視させないムーブ
ビク
パシッ
ねこだまし!?
右往左往していたら聖地ティルバンナマライに到着
シヴァ神そのものと呼ばれるアルナーチャラ山《さん》と
南インドの三大聖者のひとりラマナ・マハルシで有名な地らしい
満月の夜にアルナーチャラ山の周りを一周すると
すべてのカルマが浄化されるといわれている
カニャクマリの沐浴でも同じこといってなかった!?
ならもう全部消えたでしょ!?
※沐浴はした
なんとなくここに導かれた気がしたので
アパートを1カ月借りることにした
友人情報ありがたい♡♡
1部屋1カ月6000ルピーのトコ知ってるヨ!

※6000ルピー＝12000円くらい（2018年当時）

学校もクリニックも近くにないが
アーユルヴェーダ薬局はあった
アーユルヴェーダで使うハーブを原料とした薬はもちろん コスメなどのケア製品も売られている
シャンプー&コンディショナー
せっけん
ナイトクリーム
化粧水
はみがき粉
マッサージに使うオイルも知らない種類がいろいろあった
ニームオイル？カスターオイル？
ワク♪
見たことないオイルだ買うわ
トゥルシー？名前だけ知ってるハーブだ買うか
ルン♪
アリガトゴザイマシター
ハーッ
ユッサ
買いすぎた…
旅でこんなに荷物増やすとは
久々にシャンプーで頭を洗い
※ずっと全身せっけんで洗ってた
セルフマッサージしてみたら
めっちゃ肩こってた
スキンケアをし鏡を見た
ワタシこんな顔してたのね…
自分の観察をする…
あれ…
自分に目を向けたの久しぶりな気が…
これも瞑想なのでは…
気付き

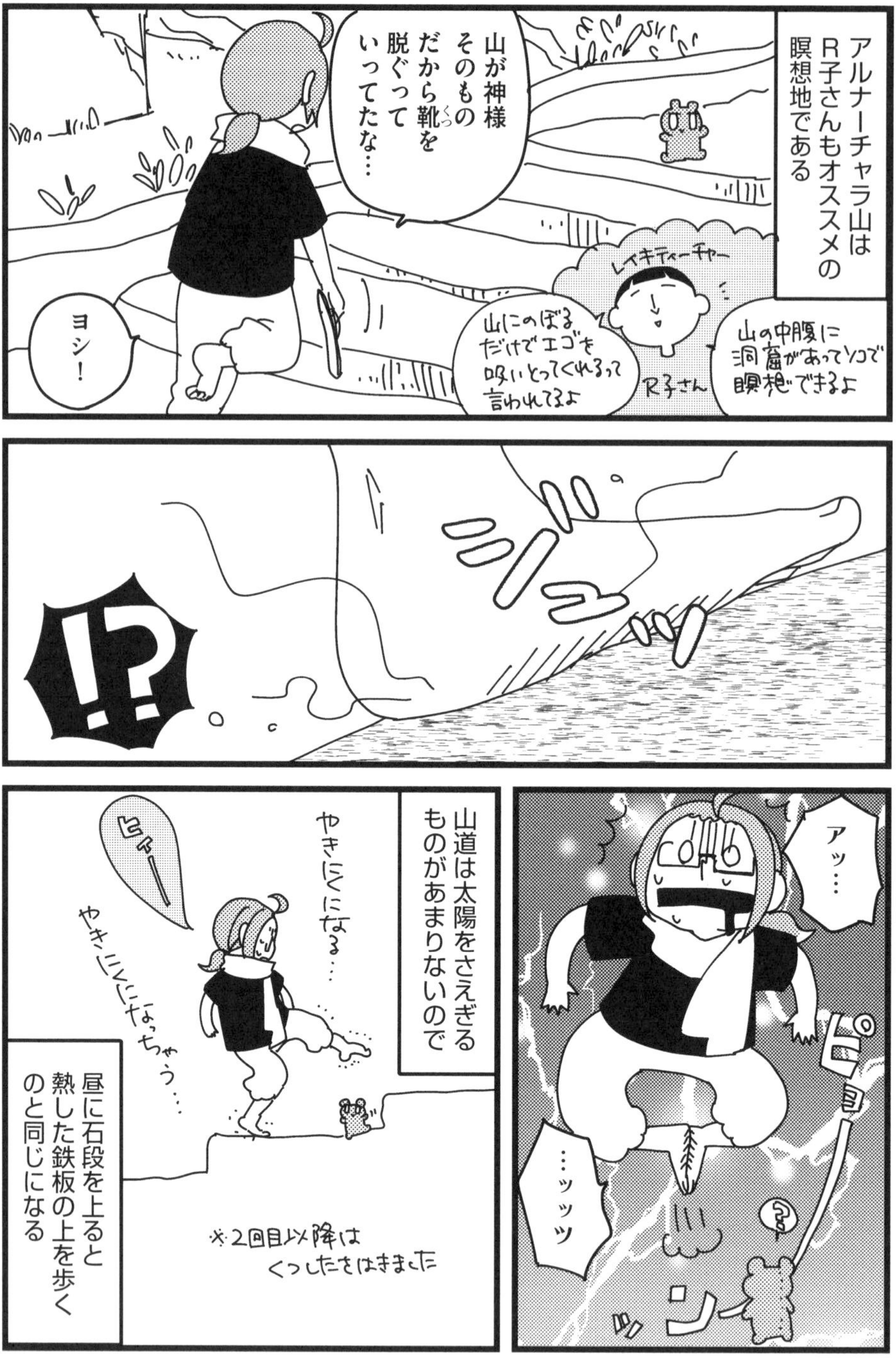
アルナーチャラ山は
R子さんもオススメの
瞑想地である
山の中腹に洞窟があってソコで瞑想できるよ
レイキティーチャー
R子さん
山にのぼるだけでエゴを吸いとってくれるって言われてるよ
山が神様
そのもの
だから靴《くつ》を
脱ぐって
いってたな…
ヨシ！
ジュッ
!?
アッ…
…ッッツ
ピョーン
山道は太陽をさえぎる
ものがあまりないので
やきにくになる…
ヒィー
やきにくになっちゃう…
昼に石段を上ると
熱した鉄板の上を歩く
のと同じになる
※2回目以降はくつしたをはきました

山の中腹にある洞窟が
瞑想ルームとなっている
VIRUPAKSHA CAVE
聖者ラマナ・マハルシが
過ごした場所で
瞑想ができるのだ
中は狭くて暗くて
人がいっぱいいたので
外に座って
瞑想してみたら
めっちゃサルに
絡まれたので
あそぼーぜ
あっ
ヌイチャンはダメよ
あそぼーぜ
結局ルームに
戻った
ルームの中で
瞑想をしていると
心臓が脈うち
ドッ
ドッ
ドッ
レイキも出ず
なぜかどんどん
イライラして
きてしまい

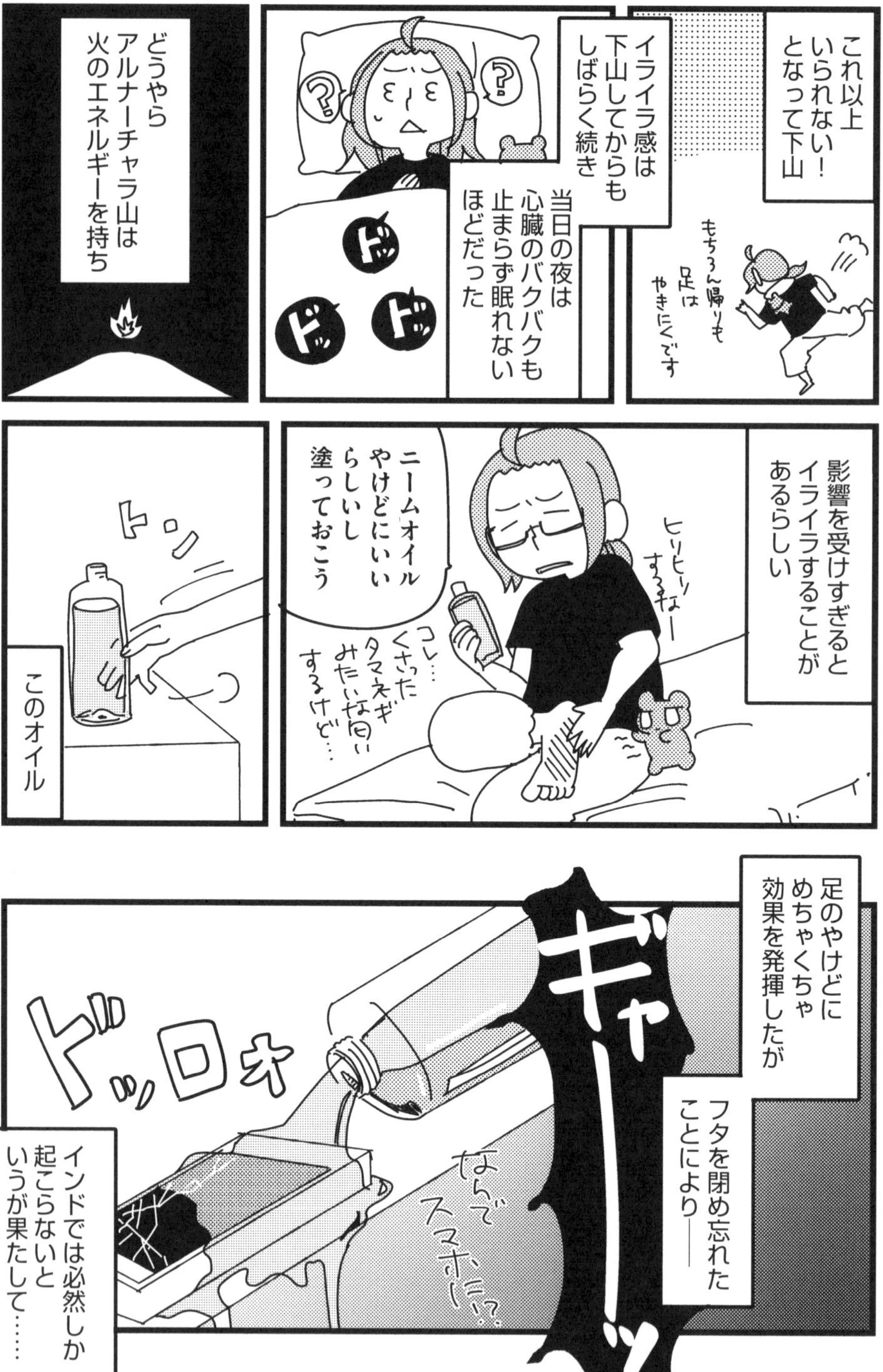
これ以上
いられない！
となって下山
もちろん帰りも足はやきにくです
イライラ感は
下山してからも
しばらく続き
当日の夜は
心臓のバクバクも
止まらず眠れない
ほどだった
ドッ
ドッ
ドッ
どうやら
アルナーチャラ山は
火のエネルギーを持ち
影響を受けすぎると
イライラすることが
あるらしい
ヒリヒリするなー
ニームオイル
やけどにいい
らしいし
塗っておこう
コレ…くさったタマネギみたいな匂いするけど…
トン
このオイル
足のやけどに
めちゃくちゃ
効果を発揮したが
ギャーーッ
フタを閉め忘れた
ことにより――
なんでスマホに!?
ドッロオ
インドでは必然しか
起こらないと
いうが果たして……

前回オイルまみれになったスマホその後
画面割れで中まで油がしみしみに
ドロ
なんと使える
水ぬれじゃないから画面みれるしネットもつながる
でもベタつく
通話だけ難アリ
お互いギリギリきこえる程度
コレが必然だったかはまた今度!

11 怒涛《どとう》のレイキ強化期間

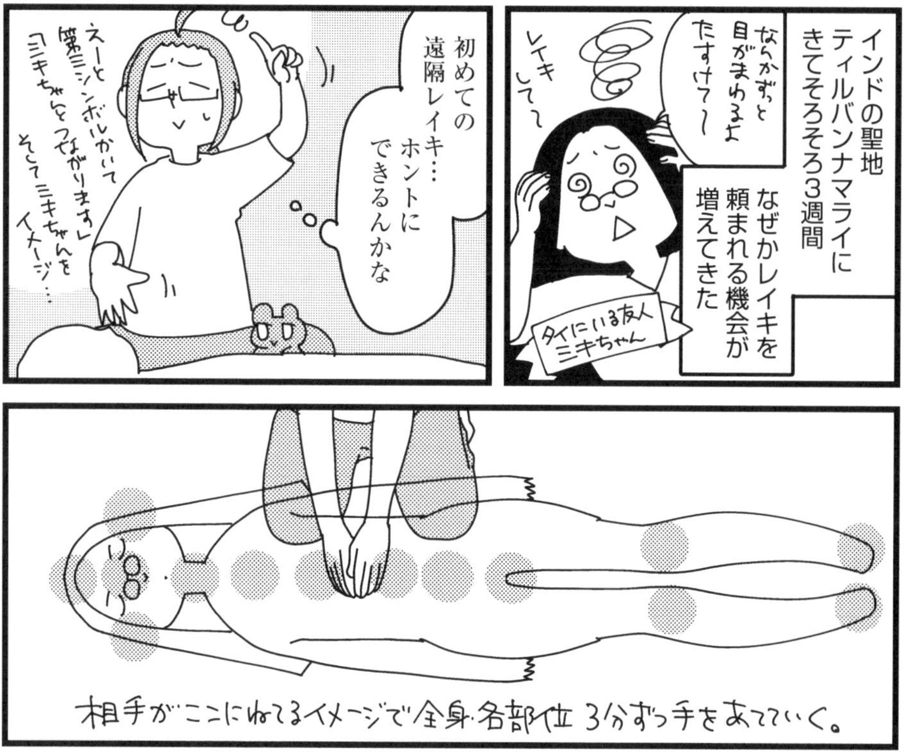
インドの聖地ティルバンナマライにきてそろそろ3週間
なぜかレイキを頼まれる機会が増えてきた
なんかずっと目がまわるよたすけて〜
レイキして〜
タイにいる友人ミキちゃん
初めての遠隔レイキ…ホントにできるんかな
えーと第三シンボルかいて「ミキちゃんとつながります」そしてミキちゃんをイメージ…
相手がここにねてるイメージで全身各部位3分ずつ手をあてていく。

おっ
静電気!?
バチ
バチッ
なんか頭のあたりはボワッとして…
下腹部のあたりはバチバチする…
あれ 感覚が消えた
よくわからんな…
遠隔ヒーリングの後は
パッ パッ
相手とつながってるエネルギーのコードをカットするジェスチャーをして終了。
下腹部がバチバチしてたよ
頭もボワ〜っとしたけど途中で感覚が消えた
ミキちゃんに報告

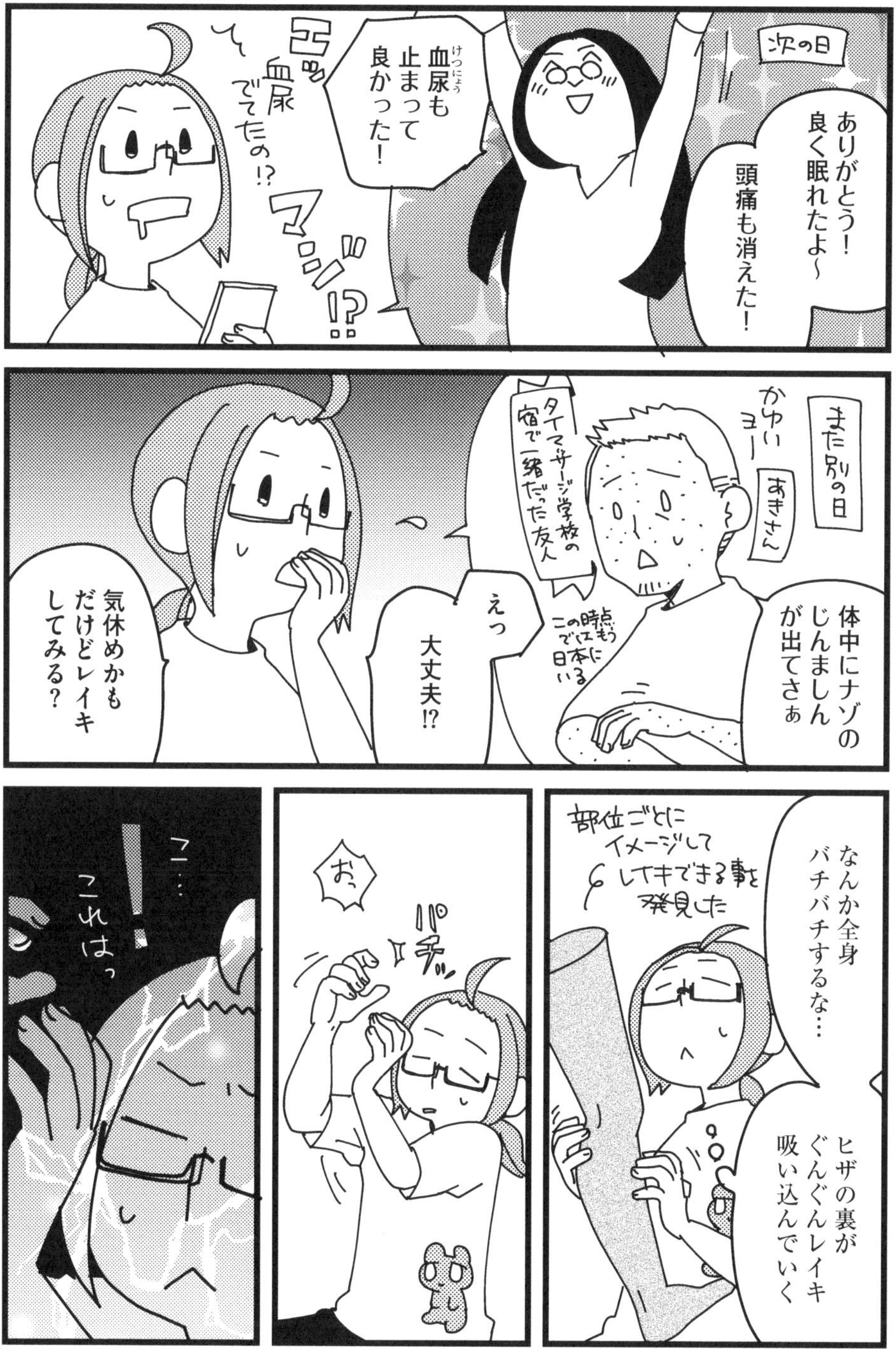
次の日
ありがとう！
良く眠れたよ〜
頭痛も消えた！
血尿《けつにょう》も
止まって
良かった！
エッ
血尿
でてたの!?
マジ⁉
また別の日
あきさん
タイでサージ学校の宿で一緒だった友人
かゆいヨー
体中にナゾの
じんましん
が出てさぁ
この時点ではもう日本にいる
えっ
大丈夫!?
気休めかも
だけどレイキ
してみる？
なんか全身
バチバチするな…
部位ごとにイメージしてレイキできる事を発見した
ヒザの裏が
ぐんぐんレイキ
吸い込んでいく
おっ
パチッ
コ…
これはっ

次の日
薬のおかげかレイキのおかげかわかんないけど
全快ではないけど
寝て起きたらだいぶ良くなってた
良くなって良かった!
ホッ
ところでレイキしてる時悪くなってる部分に静電気っぽい反応があるみたいなんだけど…
いまひざの裏ってどんな感じ?
えっ
ひざ!?
あっ
じんましんが残ってる!
気付かなかった!!
あとさ~…これいうか迷うんだけどさ
何よ
言いなよ

ちんこの裏
大丈夫？
えっ…
ちん…
あきさんの股間が
バッチバチで…
ア
エアちんこ確認
セクハラかも
ごめん!?
あっ
ちんこの
裏！
スゲー
じんましん
治ってない
気づかなかった！
なんで
わかるの!?
なんで
わかるん
だろうね…
仕組みは
わからん
自分で
やっといて
わからんの!?
?

こんな感じで遠隔のレイキをする機会が多くなったある日
チャイください
ホイ
チャイはどこでも20～30円で買える。
ズ
あれっ
スピ旅無印18-19話参照。
あかり!?
あっ
タイのお寺で一緒だったスペイン人
呪われた子と話して具合が悪くなったのをミキちゃんが治した。
えっマリア!?
久しぶり～元気?
なんかやせた?
それが…
実は※パンチャカルマを受けたんだけど
その後いっさい胃腸が動かなくなっちゃったの
今は水分だけで生きてるの…
固形物を食べるとそのまま何日も消化しないで胃の中で腐って吐くしかなくて…
あかりに会えて良かった!

※心身にたまった毒素や老廃物を排出する、アーユルヴェーダの5つの浄化療法

※腹部のデトックスマッサージ

お願い！
私にチネイザン※をしてくれない!?
閉じたチャンネルをあけてほしいの!!
私のマッサージってリラクゼーション系だから…
あの時の日本人たち
医療系マッサージの先生。博識。
Wさん
霊能者。なんかースゴイ。
ミキちゃん
フツーのセラピスト
私
治せるかわからないけどいいの？
気持ちよさを優先してるタイプよ
チャンネルとかわかんないし…
以前悪魔祓ってたでしょ!? できるよ！
アカリがいいのよ!!
結局することに
次の日
マリアのいる宿
痛かったらいってね
息は絶対止めないで
あとで病院もいったほうがいいと思うなぁ

て自然派だからか異様に現代医療をイヤがる

オイルをぬっている
ぬ
る
えっ
なんかめっちゃレイキ出てるけど大丈夫!?
何コレ!!
すごい!
大丈夫!
すごい!!
コォォォ
終了後
どう?
お水飲める?
大丈夫?
のめるならのんだ方がいいよ
……
お腹すいたかも
ごはんいこ!
おごるから!!
えっ

ガッ
ガッ
え〜〜〜〜〜〜〜〜！
固形物いつぶり!?
いきなりカリー食べて大丈夫なの
キチュリとかにしなよ
せめてよくかんで!?
ぱく
大丈夫
もぐ
むしゃ
私いま無限に食べられる
カレー味のおかゆ。お寺の炊き出しでよく出される。
キチュリ
どうぞ〜
おかわり!!
ごはんもおかずもおかわり!!
ピクルスも!!
ドサッ
えー
すっかり治った
アカリありがとーっ!!
レイキの全知全能感がなんか怖い…
帰り道
チネイザンの効果とはちがう感じ…

スピ旅無印10話参照
そういえばマナミちゃんも
ヒーリングができるようになったら毎日それを必要とする人があらわれた
っていってたな…
使命に必要なら自動でそうなるみたいな…
この怒涛のレイキ強化期間は
私の使命に必要…ってこと?
だったらもうちょっと積極的にやったほうがいいのかなぁ
SNSで声かけてみようかな
そして受けた依頼のひとつに
「具合の悪いペットにレイキする」というものがあった
会ったこともない方のネコチャン…
できるかしら
う〜ん
めっちゃかわいい元気になってほしい

※今は「ご本人」以外への依頼は受けてません。

これは…
エアネコなでなで…
レイキは流れてるみたいだから良かった
ネコチャンがいるつもりでレイキする
猫の解剖図を確認しながらやってる
飼い主さんからメッセージめっちゃくるけど
いまは見られない！
あとでね！
ピコ
ピコ
どうやらレイキ開始直後から耳がピンと立ったり
久々におやつをなめたとか
ペロ
ずっと寝たきりだったのに立とうとしたようだ
ちょとでも元気でたならよかった
そして終わったあと少ししてから
ネコチャンが虹の向こうに旅立ったと連絡があった

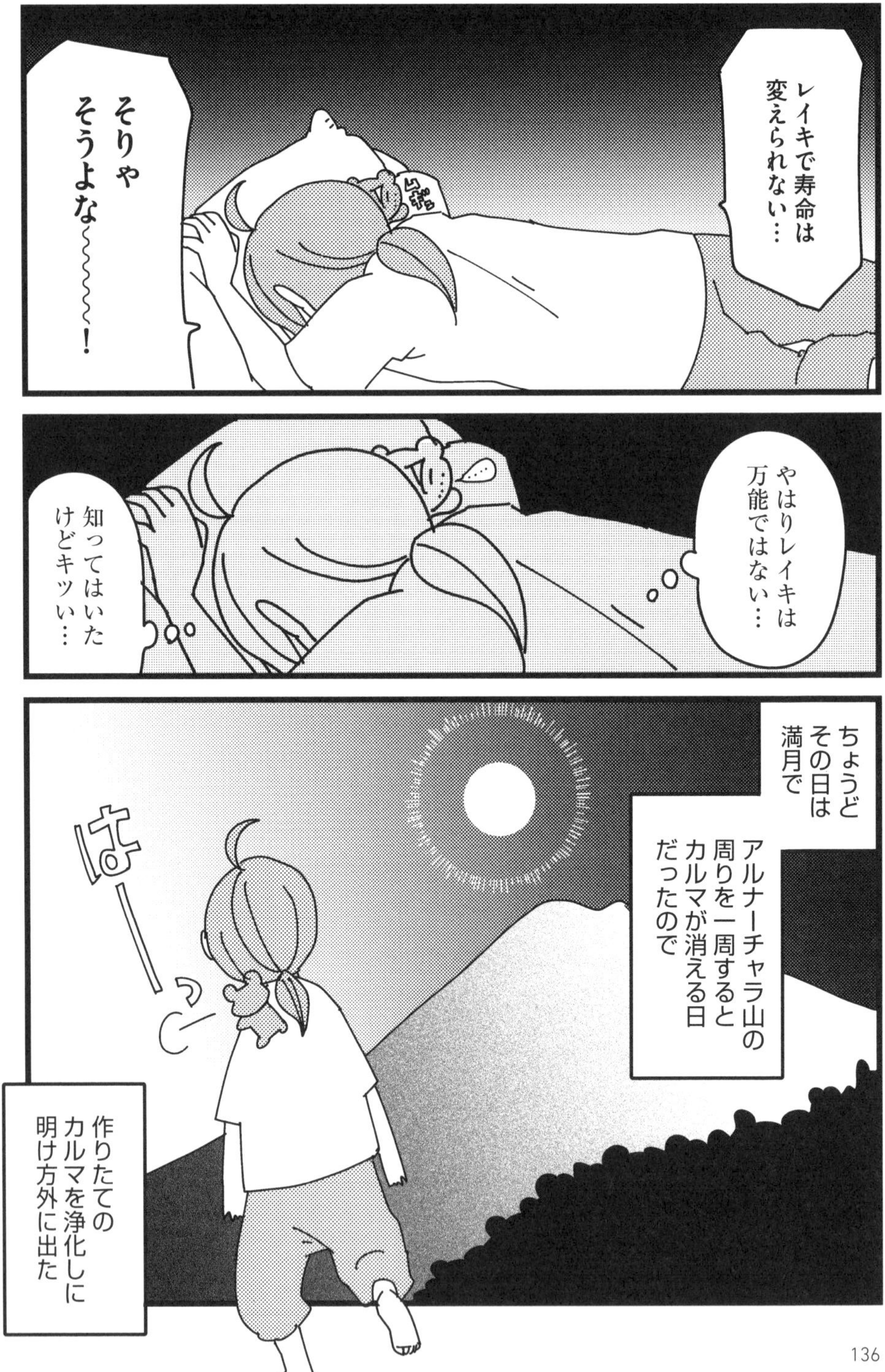

レイキで寿命は変えられない…
そりゃそうよな〜〜〜〜〜!
やはりレイキは万能ではない…
知ってはいたけどキツい…
ちょうどその日は満月で
アルナーチャラ山の周りを一周するとカルマが消える日だったので
はーっ
作りたてのカルマを浄化しに明け方外に出た

すべてのカルマが
消えるというので
アルナーチャラ山の
麓《ふもと》を一周している
満月の夜
人が多い時間は
お祭りみたいに
屋台が並んでいる
らしいのだが
3~4時間
かかる
私は夜明けに
歩きはじめたので
人はまばらで
屋台もなかった
ワッ
なんか
ふんだ
←裸足で歩く
暑い時季なので
日が昇る前に終える
人が多い
屋台の
ポイ捨てゴミ
ゴミロード…
みんな
カルマ浄化
しながら新しく
カルマ作ってる…
カルマの
永久機関
インドである

12 徳積まされ期間

この町で過ごして
そろそろ1カ月
やっぱり毎日
誰かしらに
レイキをする
日々である
今日は
マサラチャイ
ホテ
チャイ=ミルクティー
マサラ=スパイス入り
チャイ=ミルクティー
宿更新するのもなー
そろそろ移動
しようかなあ
プッタパルティ
とか…?
やっぱ
聖地で・
ヌイチャン
どこいきたい?
プッタ
パルティ!?
プッタパルティって
いいました!?
えっ
あっ
はい
ビクッ
サイババの
いた!?
私プッタから
きたんだけど
3日後にまた
帰るんです
あなた
超ラッキーよ
私ババに特別
愛されてるから!
連れていって
あげる!

※ババ=サイババのこと

私もしかしたら
あなたをプッタに
連れていくために
ババからここに
派遣されたのかも！
3日後にプッタ行きましょう!!
ハァ
あ
なんか濃い人
釣れたなぁ
あれっ
K美さん？
A木さん！
ヒョコ
A木さんも
プッタで会った人で…
まさかまた
会えるなんて！
ナマステー
こんにちは
こちらはいま
出会ったばかりで…
お名前は？
あかり
です
あっ
失礼します～
あっ
となり
どうぞ
痛《いた》ッ
えっ
大丈夫ですか
いま脚
引きずってたよね
…どうしたの？

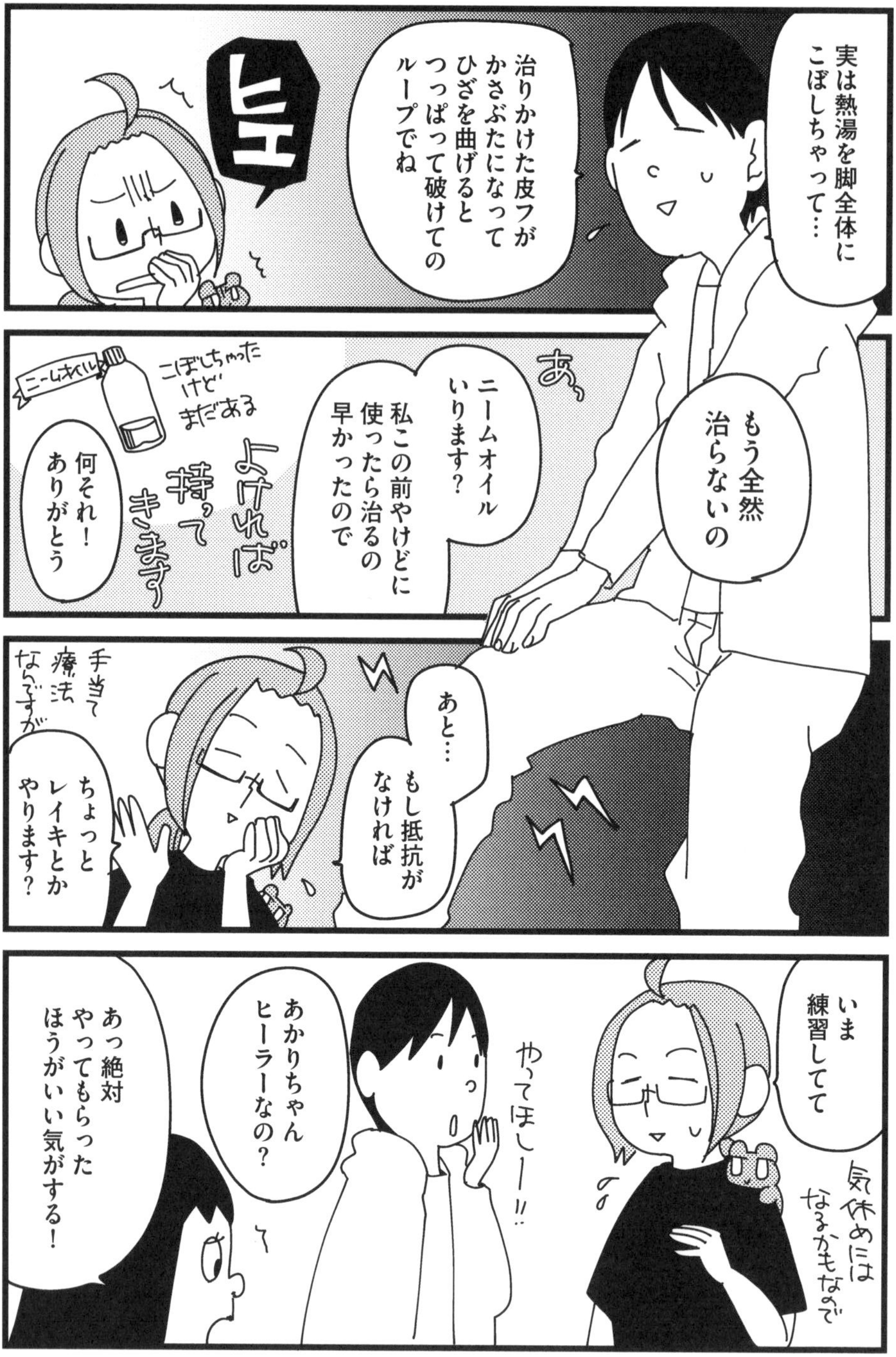
実は熱湯を脚全体に
こぼしちゃって…
治りかけた皮フがかさぶたになってひざを曲げるとつっぱって破けてのループでね
ヒエ
もう全然治らないの
あっ
ニームオイルいります？
私この前やけどに使ったら治るの早かったので
よければ持ってきます
こぼしちゃったけどまだある
ニームオイル
何それ！ありがとう
あと…
もし抵抗がなければ
手当て療法ならですが
ちょっとレイキとかやります？
いま練習してて
気休めにはなるかもなので
やってほしーー!!
あかりちゃんヒーラーなの？
あっ絶対やってもらったほうがいい気がする！

レイキしてる間フツーに話とかしてて大丈夫です
ラクにしてて下さい
あかりちゃんはヒーラー修行でインドにいるの？
イエ…
ここにきてから急にレイキをする機会が増えただけでそういうわけでは…
はは〜ん
徳積まされ期間だわね
なんすかそれ
つまり
神に近づくチャンスってことよ
いや本当あるのよこういうの
神に!?
!?
自分の意思とは無関係に善行をすることになる流れがくるの

若い頃 観光気分で
初めてサイババの
寺《アシュラム》にいって
帰国したあと
私の部屋にね
大量の米が
届いたの
なんの話?
実家含め
あらゆる農家の
知り合いから
10kgずつ毎日
お米が届くのよ
私
一人暮らしで自炊しない人だったのに
はぁ
日本米いいなぁ…
そうしたら
今度はね

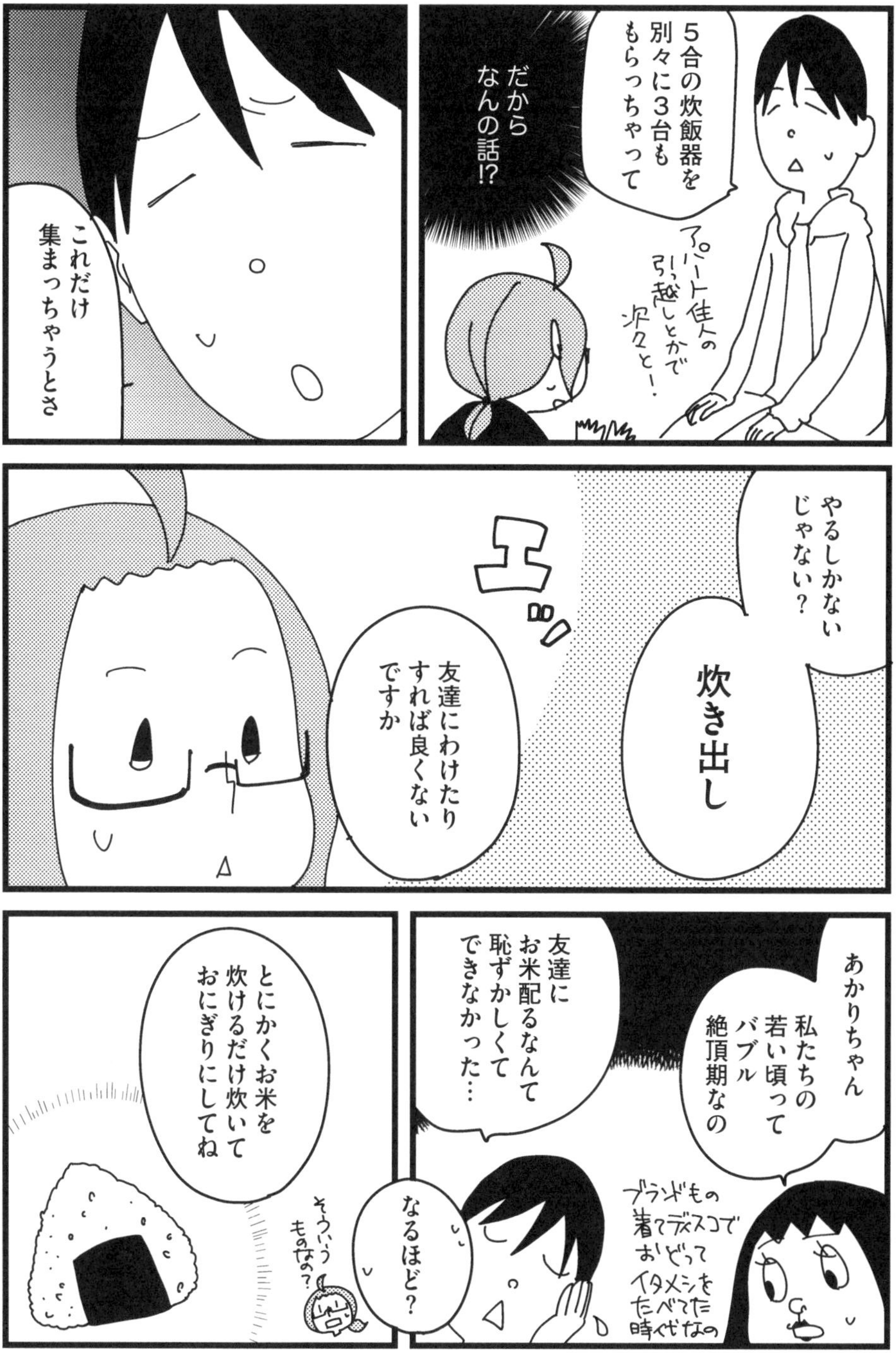
5合の炊飯器を別々に3台ももらっちゃって
アパート住人の引っ越しとかで次々と!
だからなんの話!?
これだけ集まっちゃうとさ
やるしかないじゃない?
炊き出し
エッ!
友達にわけたりすれば良くないですか
あかりちゃん私たちの若い頃ってバブル絶頂期なの
友達にお米配るなんて恥ずかしくてできなかった…
ブランドもの着てデスコでおどってイタメシをたべてた時代なの
なるほど?
とにかくお米を炊けるだけ炊いておにぎりにしてね
そういうものなの?

目を瞑《つむ》って
東京《とうきょう》の地図を適当に
ぱらぱらめくって
出たページの土地に
いってみて
ホームレスの方に
おにぎりを渡す
っていうのを
毎週末やる
ことにしたの
トンッ
今日は
ココ!
橋があるトコや
公園を探して
歩く。
スミマセーン
アグレッシブ
でも
ホームレスの方って
普通に話しかけても
全然気づいて
くれなくて
「スミマセンが
もらってくれませんか」
っていわないと
受け取ってもらえないの
そうしているうちに
自分の中に
「恵んであげよう」
みたいな驕《おご》りが
あったって気づいて
ハッ
意識がどんどん
変わっていったの

私もともと
ボランティア
にはまったく興味が
なかったんだけど
そういうことを
する流れが
きてたのよね
サイババと関わると
そういう流れに
なる人も多い
徳積まされ
期間…!
そう!
K美さんも
何かある
んですか
私は…
きゅるん♡
まず美人
じゃない?
歌も上手《うま》い
たぶん
文章の
才能もある
どう考えても
何をしても
成功しちゃう
カリスマ性
しかない!
これから何かで
有名になって
多くの人に
影響を与える
存在になってから
始まると思う
まだって
ことっすね
キャラが
濃いなぁ

数時間後
ニームオイル持ってきました
こんばんは～
ありがと～
入って～
ストン
サッ
さっそく塗らせてもらうね
え？
あれっ
ひざ曲げられるようになってませんか!?
ハッ
びっくりよ
そうなの！
レイキのあとからなんかスタスタ歩けるし痛くないの！
自分のやけどにはニームのほうが効いたんですよね
あはは
レイキよくわからん
効果たのしみ
あっねぇ
お礼にアムリタなめていってよ
アム…？
なんて？
サイババの奇跡のひとつで
トローリ
私の今回の旅の目的はこれを手にいれることだったんだ

ぺろ
…あっ
フツーにおいしい
ジャスミンの香り？
これってなんなんですか
サイババ情報ゼロなのね⁉
サイババが物質化の奇跡を起こす聖者だってことは知ってます？
手から粉を出すっていう？
きいたことある
粉…聖灰《ビブーティ》ね

もしかして この蜜も サイババが…？
正確には サイババの写真や ペンダントトップ からわき出たもの なんだけど
お土産コーナーで 買った品から したたるアムリタとか あるらしい
すごいんだよ
これをなめて 病気から回復 した人とかいる 奇跡の蜜なんだよ
奇跡の蜜！
へー
あかりちゃん やっぱりババに 呼ばれてるのかも
普通なら何も 知らないまま アムリタに触れる ことはできないもん
プッタパルティで 何が起こるか 楽しみだね

インドにて サイババ寺にいくことにしたら詳しい人と出会った
A木さん
サイババ信者
サイババのところにたどり着く人は3種類に分けられるって話があるよ

13 サイババ寺へ

ひとつはなんとな〜くきちゃったって人
ババに顔だけ見せにきたタイプ
こういう人にとってアシュラムはテーマパーク
私はコレで超キツかったわ
ふたつめは修行が必要な人
だいたいは目をそらしてきた「見たくない自分」を見ることになって
成長のために事件に巻き込まれたりすることもある
みっつめは修行者に気づきを与える役目の人
この役目をすると徳が積まれて来世ではサイババの近くに生まれるっていわれてるんだよ
あかりちゃんはどれかね〜

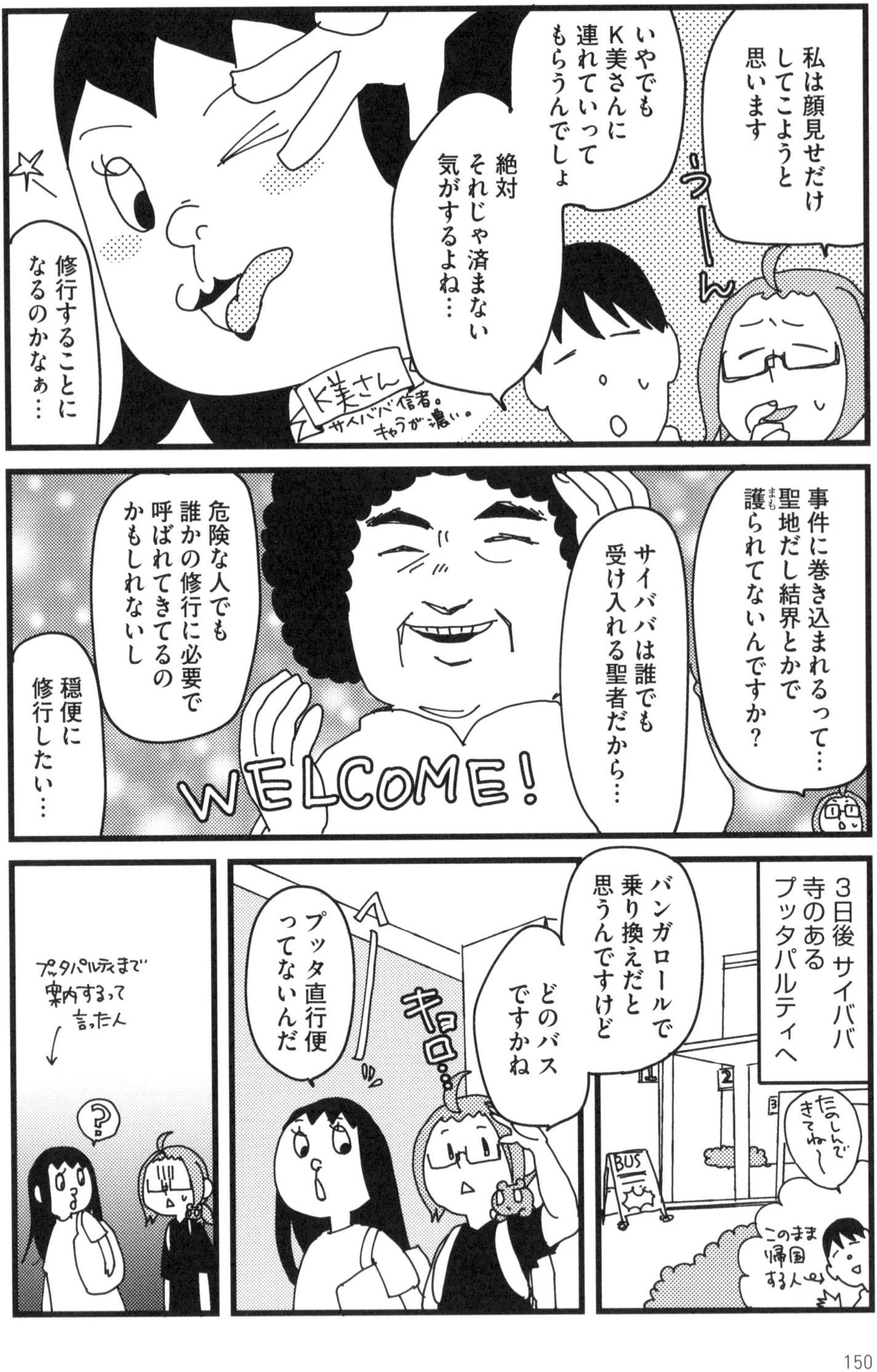
私は顔見せだけしてこようと思います
うーーん
いやでもK美さんに連れていってもらうんでしょ
絶対それじゃ済まない気がするよね…
修行することになるのかなぁ…
K美さん
サイババ信者。キャラが濃い。
事件に巻き込まれるって…聖地だし結界とかで護《まも》られてないんですか？
サイババは誰でも受け入れる聖者だから…
危険な人でも誰かの修行に必要で呼ばれてきてるのかもしれないし
穏便に修行したい…
WELCOME!
3日後 サイババ寺のあるプッタパルティへ
たのしんできてね～
このまま帰国する人
BUS
バンガロールで乗り換えだと思うんですけど
どのバスですかね
キョロ…
プッタ直行便ってないんだ
へー
プッタパルティまで案内するって言った人
?

いき方調べてないんですか!?
私ざっくりしたルートしか知らないですよ!?
もともと向こうから来たんだし
うっすらわかるわよ
ババが全部教えてくれるから大丈夫よ
バンガロー
は?
あっほら向こうよ
バンガロール
バンガロール
ね?
私のいく道は全部ババが決めてくれるのよ
それで不安にならないんですか?
大丈夫
ぜ〜〜〜んぶ私のタイミングで回るようになってるから
たとえばね

私が「ババと会いたい！」て思った時
絶対に安い航空券が販売されるの
即コレ！てなるから選ぶ必要がないのよ
安い…コレにのればいいのね!!
あと写真も
私がシャッターを押したタイミングが絶対にシャッターチャンスになる
有名人をみかけた時とか
シャッターを押した瞬間にふり向いてくれたりする
コレを見て
…火？
そう
あっ
今気づいたけどコレあかりちゃんじゃない!?
この火が？
?
この前たまたまプージャを見かけてシャッター押したんだけど
一番火が高くなった瞬間が撮れたのよね
それを見て急にアルナーチャラ山に登りたくなったのよ
※プージャとはインドのお祓いの儀式のこと

アルナーチャラ山って「火」のエネルギーを持ってるでしょ
そして あかりちゃん あなたも 火なんだもの！
この写真は あかりちゃんを連れてきて っていうババからの メッセージってこと！
えぇ…
ほらねぜ～んぶ ババが導いて くれてるでしょ
私はババに愛されてるからね
だから自分では 何も調べなくていいし 何も考えなくていいの
アツーは 色々と 調べるのね
全然 わからない

サイババアシュラムは撮影禁止なので背景はテキトーです。
なんとか無事にサイババ寺にたどり着いた
宿の手続きもギリギリ間に合った!
ババのおかげ!
パステルカラーのアシュラム 天使のいる門とかある
寺の中に宿があるんですね
スーパーもレストランもあるよ ここだけで生活できるようになってるの
案内されたのはK美さんがもともと宿泊していた8人部屋で
もうひとり日本人女性がいた
病院の大部屋みたいなドミトリー。
やっと帰ってきたK美さん あなた荷物置いたまま消えるんだもん
まったくも～
スタッフに何回も居場所聞かれて困っちゃった
何回テレパシー飛ばしても全然応えてくれないんだもん
スミマセ～ン
あは
テレパシー!?

でもそれは
ババが必要ない
って判断した
からよ
ババのスタッフに他の聖者のとこ
行くって言えないじゃない
それもそうか
一理ある…
納得した!?
この子は
ヒーラーの
あかりちゃん
紹介するね
はじめまして
ペコー
こちらは
コイケさん
もう何十年も
ババに仕えてる
ベテラン信者
ヒーラーなの？
どんなことしてんの
レイキを少々…？
な〜んだ
レイキか
フー
感じわるぅ
う…
…って
あなた
フツーの
レイキじゃ
ないでしょ
一般的な
レイキとは
ウェーブが
ちがうわよ
火だわ！
えっ
ビシー
あなた
火よ

そういえば
K美さんが
この前
撮った写真…
プージャの火!!
そう！
やっぱりアレ
あかりちゃん
よね！
ババが出会わせて
くれたのね
それなら
大歓迎よ
なんだ
ハァ
全然
ついていけて
ないんですけど
おふたりはテレパシーで
サイババから私の
情報を受け取った
ということですか？
火…？
いや私は
テレパシー
できないのよ
今回は
写真を通して
紹介された
感じだね
テレパシーは
私の役目で…
あっコレ
話していい？
ダメ？
ごめん
ダメだってさ
えっ
誰と話して
るんですか
テレパシー？
ババと
だけど…
フツーの
会話よ
え〜〜〜〜〜

サイババとは日本語で会話してるんですか？
うん
神様だから言葉の壁はないよね
私は言葉じゃなくてサインで気づくタイプ
起きたことからババはこう言ってるのねって理解してる
へー
私がぬいぐるみと対話するのと似た感じですかね…
どっちもヌイチャンです
…あなた
ぬいぐるみと話すとかあんまり外でいわないほうがいいわよ
変な人って思われるかもよ…
神は良くてもぬいぐるみはダメなの!?
ガーン

あら…
でもこの子
右目から
すごいピュアな
エネルギー出てる
マジっすか
私は何も
聞こえないけど
しゃべりそう
だわ
かわいいでしょう
そーうでしょう
かわいいわ〜
呪われてると
思ってたぬいが
こういうとこで
ほめられるの…
成長(?)を
感じる…
※詳しくは
前作・スピ旅無印
をよんでね！
右目ってことは
ツクヨミだね！
あかりちゃんも
闇《やみ》を照らす火だし
あなたたち
どっちも「夜」よ
ツクヨミは
右目から
うまれた
のよ！
いいコンビよ!!
でもやっぱ
よくわからん

あかりちゃん明日どうする？
ダルシャンに参加する？
この辺の観光する？
…
…
ダルシャン…っていうのは儀式みたいなやつですか？
ここに滞在するなら参加は義務じゃないんですか
べつに義務ではないよ
ババは何も強制しないから
でもせっかくだしまずはババに会ったら？
えっ
本人に会えるんですか!?
もう肉体はないけど会えるよ
霊体だけど話しかければ返事くれるよ
あえるよ!!
え…亡くなっ…
肉体がないだけだよ
あっはい…
え。。。

ひとまず朝はダルシャンに参加しよっか
お願いします!
じゃー夕飯に行こう
外国人向けの食堂はパスタとかもあるんだよー
ん?
私はカレー苦手だから助かるー
キリスト教と仏教…?
そんな宗教の何かが…
ババはほかの宗教も尊重してるし拒まないんだよ
すべての宗教は全部ひとつで
どの神様を崇《あが》めてもその神様は結局自分だから…って考えなんだよね
サイババ強《つよ》っ

現在
インドのサイババ寺で
ダルシャンに参加中
サイババ祭壇
棺。
下でサイババの
肉体が眠って
いるらしい。

14 サイババ寺にて①

ダルシャンとは
「聖人に謁見《えっけん》すること」
を意味する儀式で
この寺では
毎日の朝と昼に
行われており
読経をしたあと
サイババの棺《ひつぎ》に
お祈りをする

※撮影禁止のためフワッとした記憶で背景を描いてます。

タイ同様
インドもやっぱり
お経《マントラ》は歌で
シャ〜ンティ
シャ〜ンティ
1時間くらい
信者全員で
大合唱する
わからないので
手拍子で
参加
サイババの生前は
ライブ会場のような
赴《おも》きだったらしい
※イメージ
ワ〜〜ッ
単純に信者も多かった
いまは歌のあと
サイババの棺に
お祈りをするだけで
熱気とかはない
外国人は
早く順番が来る
そして
昼食チケットと
薔薇《ばら》の花びらを
もらって終了
昼食チケットがもらえるのは朝ダルシャンのみ
このあと
外国人だけは
サイババの棺の
すぐ裏にある部屋で
瞑想が許されている
オームを唱え
オームで終わる
オォォォォォ
ナゾの外国人
特権。

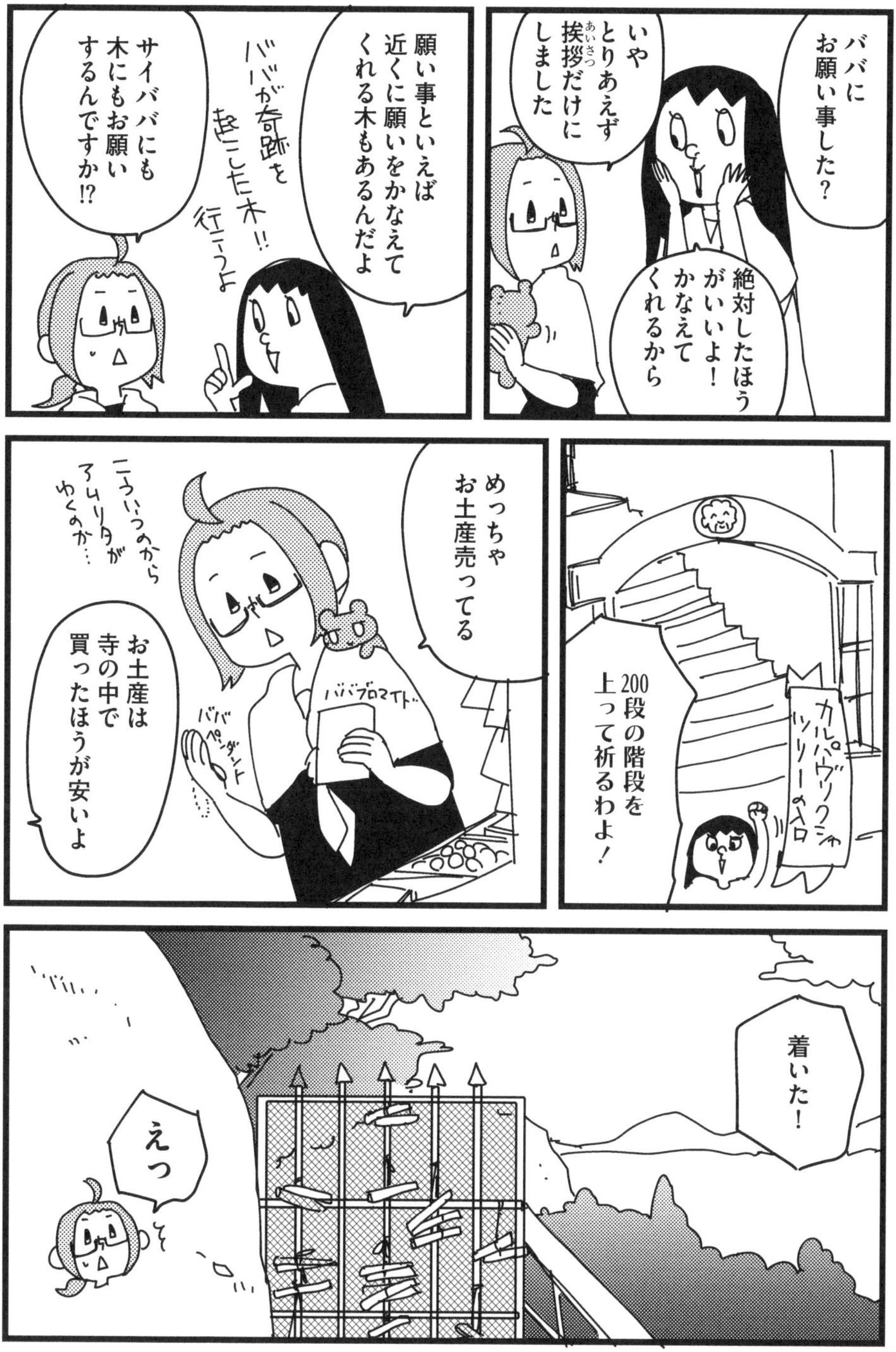
ババにお願い事した？
いやとりあえず挨拶《あいさつ》だけにしました
絶対したほうがいいよ！かなえてくれるから
願い事といえば近くに願いをかなえてくれる木もあるんだよ
ババが奇跡を起こした木!! 行こうよ
サイババにも木にもお願いするんですか⁉
200段の階段を上って祈るわよ！
カルパヴリクシャツリーの入口
めっちゃお土産売ってる
ババブロマイド
ババペンダント
こういうのからアムリタがわくのか…
お土産は寺の中で買ったほうが安いよ
着いた！
えっ

全然木に近寄れないんですね!?
木もあんまり見えない
ガーーン
昔は触れたんだけどね
ババの棺に手紙を供える人もいました
手紙文化？
いまは木の近くに手紙を結ぶ方式になったみたい
私は祝詞《のりと》あげるからその間にお願い事書いてなよ
あ、はーい
のりと？
サイラーム
紙とひもくださいな
あと
ペンも貸して
サイラーム
サイラーム
10円くらいだった
スゥーー

サイラム：プッタパルティのあいさつは全部コレでOK

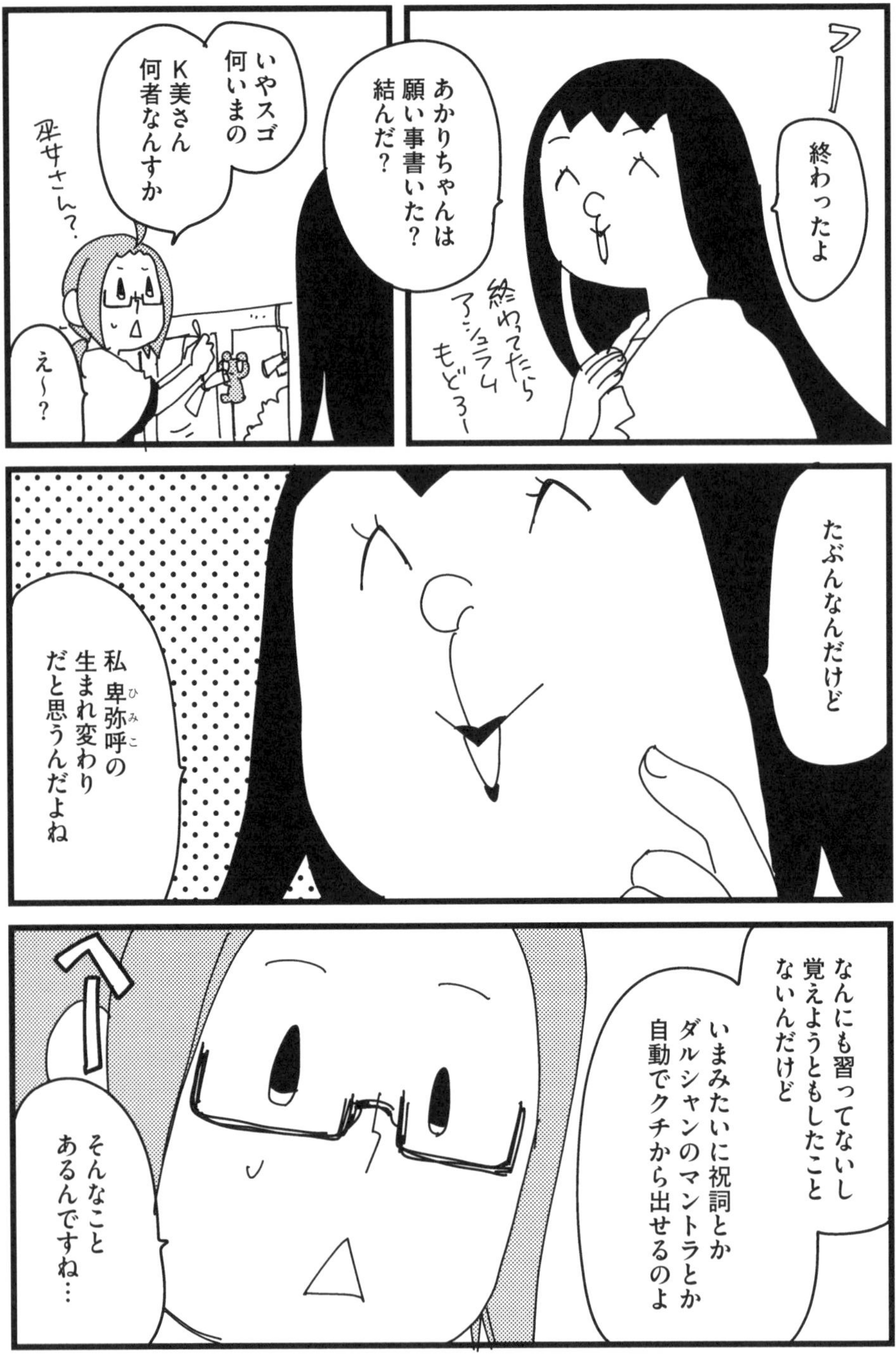
フー
終わったよ
終わってたらアシュラムもどろ～
あかりちゃんは願い事書いた？結んだ？
いやスゴ何いまのK美さん何者なんすか
巫女さん？
え～？
たぶんなんだけど
私卑弥呼《ひみこ》の生まれ変わりだと思うんだよね
なんにも習ってないし覚えようともしたことないんだけど
いまみたいに祝詞とかダルシャンのマントラとか自動でクチから出せるのよ
へー
そんなことあるんですね…

前世といえば 私のことは ぜ～んぶババが うまいことやって くれるって いったじゃない
コレは 前世で積んだ 徳のおかげなの
卑弥呼だった時の？
いやたぶん 明治～昭和の頃 孤児の保護施設を つくった時の 徳だと思う
その前が 戦国時代の 悪い武将でね
とったどー!!
めちゃくちゃに 人を殺してカルマが 低くなりすぎたから
そのあとの人生で 徳を積まされる ことになったのよ
盛り返すくらい 徳積んだのよ
そのあとが いまの私 …ってワケ！
だから美人で 歌は上手いし 文章も書けるし カリスマ性も 持って生まれたのよ
祝詞も おりてくるし 何でも できちゃうのよ

絵だけは下手《へた》だけど…
誕生日がゴッホと同じだから私が死んでから評価される可能性があるかも…
ポジティブすぎる
そういえば
お願い事って何書いたの？
ヌイチャンの写真集が出ますように…
世界一周写真集
キリッ
ステキ！
実は出版社さんからお話をいただいてるんですが

じゃあかなうじゃん

ヌイチャンの版権があるアニメ会社から許可が出ないとダメなんですよ

かなうよ！ババがついてる！
サイババ寺に入るのに毎回ボディチェックがあるよ
残念ながらかなわなかった

今からでも叶えてほしい…

階段上ったらけっこう疲れたわね
昼のダルシャン休もっか
どーしよっかなぁ
本当に気軽に不参加するんですね…
スイ
…いまの人
え？ああMさん日本人だよ
なんかすごくゾクっとしたんですけど…
あ〰〰
彼女はちょっとねぇ

※個人に関する予言が書かれているとされるもの

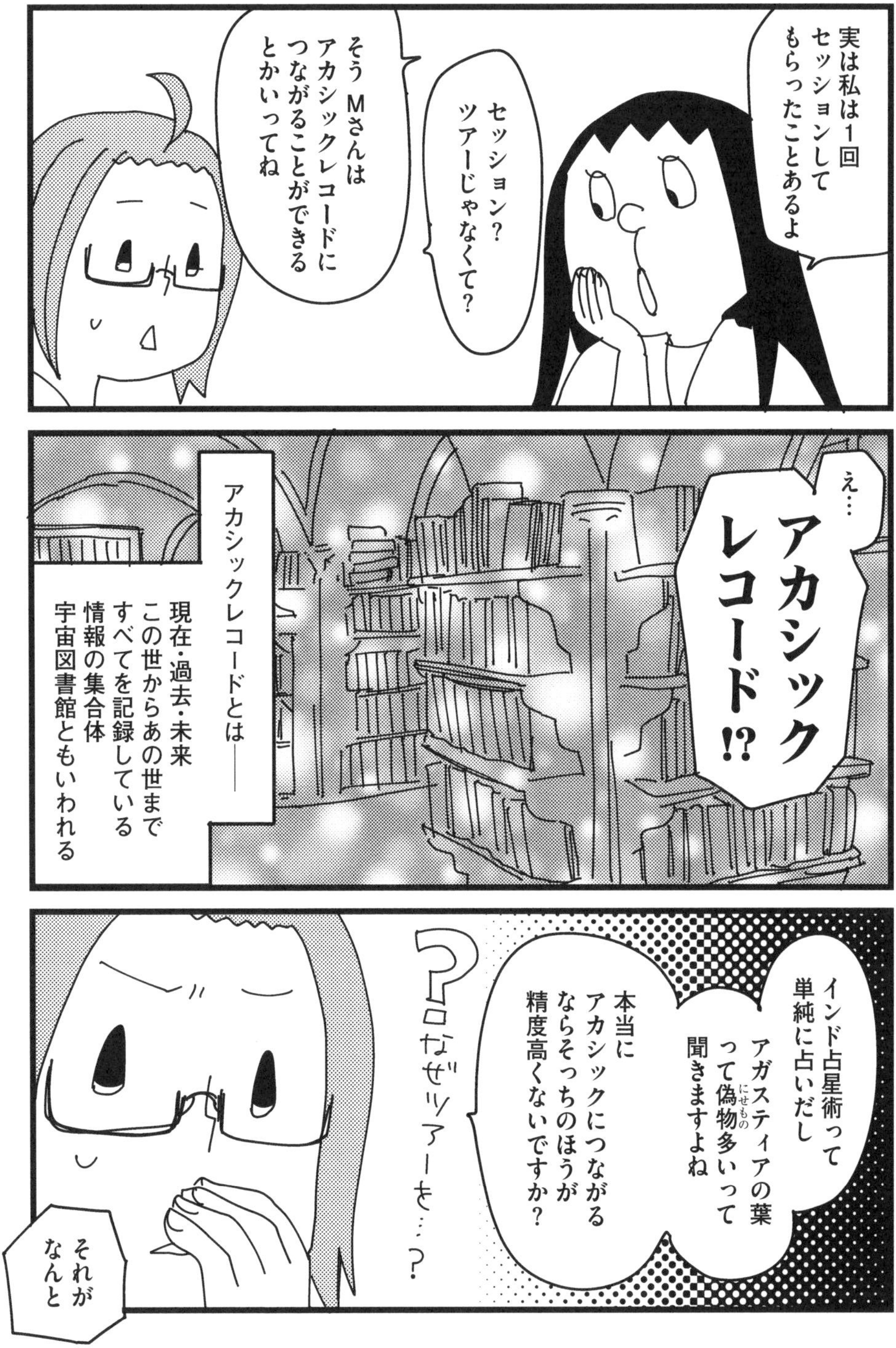

実は私は1回
セッションして
もらったことあるよ
セッション?
ツアーじゃなくて?
そう Mさんは
アカシックレコードに
つながることができる
とかいってね
え…
アカシック
レコード!?
アカシックレコードとは――
現在・過去・未来
この世からあの世まで
すべてを記録している
情報の集合体
宇宙図書館ともいわれる
インド占星術って
単純に占いだし
アガスティアの葉
って偽物《にせもの》多いって
聞きますよね
本当に
アカシックにつながる
ならそっちのほうが
精度高くないですか?
?
なぜツアーを…?
それが
なんと

彼女のセッションは誘導尋問と当てずっぽうで成り立ってたのよ
イチかバチかでハズレでそれから無視されてる
たまたま当たったら信じちゃうやつだ!!
なんてこった!
なんかヤバそうとは思ったけどそういうヤバさの人なんですね
近寄らんどこ
あかりちゃんには向こうが近寄ってこないから大丈夫よ
波動が高いから
ヨロ!ヨロ!
あら?
こんにちは…
あの…
ここに日本人がいるって聞いて…
ヒョコ
Mさんってここのお部屋ですか?
私 明日インド占星術のツアーをお願いしてて…
ネットで申し込んだけどお会いしておきたいなって…
カ…カモキタ〜〜〜〜!

前回までのあらすじ：サイババ寺にいるMさん(日本人)が観光客をカモにした高額ツアーを組んでいるという話をしていたら
はじめましてSっていいます
Mさんに本場のインド占星術のツアーをお願いしてて…
お部屋まちがえてスミマセン
カモ予備軍が目の前に現れた
あっ ふたり以上だと交通費が割り引きになるんですよ
良ければ一緒にどうですか?
いや〜…。。。
われわれは大丈夫です…
た…楽しんできてくださいね
は〜い♡ではまた♡
カモられるっていったほうが良かった…？
詐欺《サギ》ではギリギリないはずなので…
占星術自体は受けられるだろうし…
でもそのためにインド来たって…
高いだけで…
高いだけで…

15 サイババ寺にて②

そういえば
あかりちゃんは
なんでインドに
きたの？
本場の
アーユル
ヴェーダ
を体験しに…？
クリニックが
見つからなくて
だれてました…
クリニック
近くにあるよ
マジっすか
パンチャ
カルマ
できます？
できるよ
次の日
予約を取りに
教えてもらった
クリニックへ
広い！
キレイ！
暑期に
パンチャカルマは
できないよ
え～～～～～～～
こんな暑いのに
デトックスしたら
死ぬから
インドにきた
理由が消えた
瞬間である

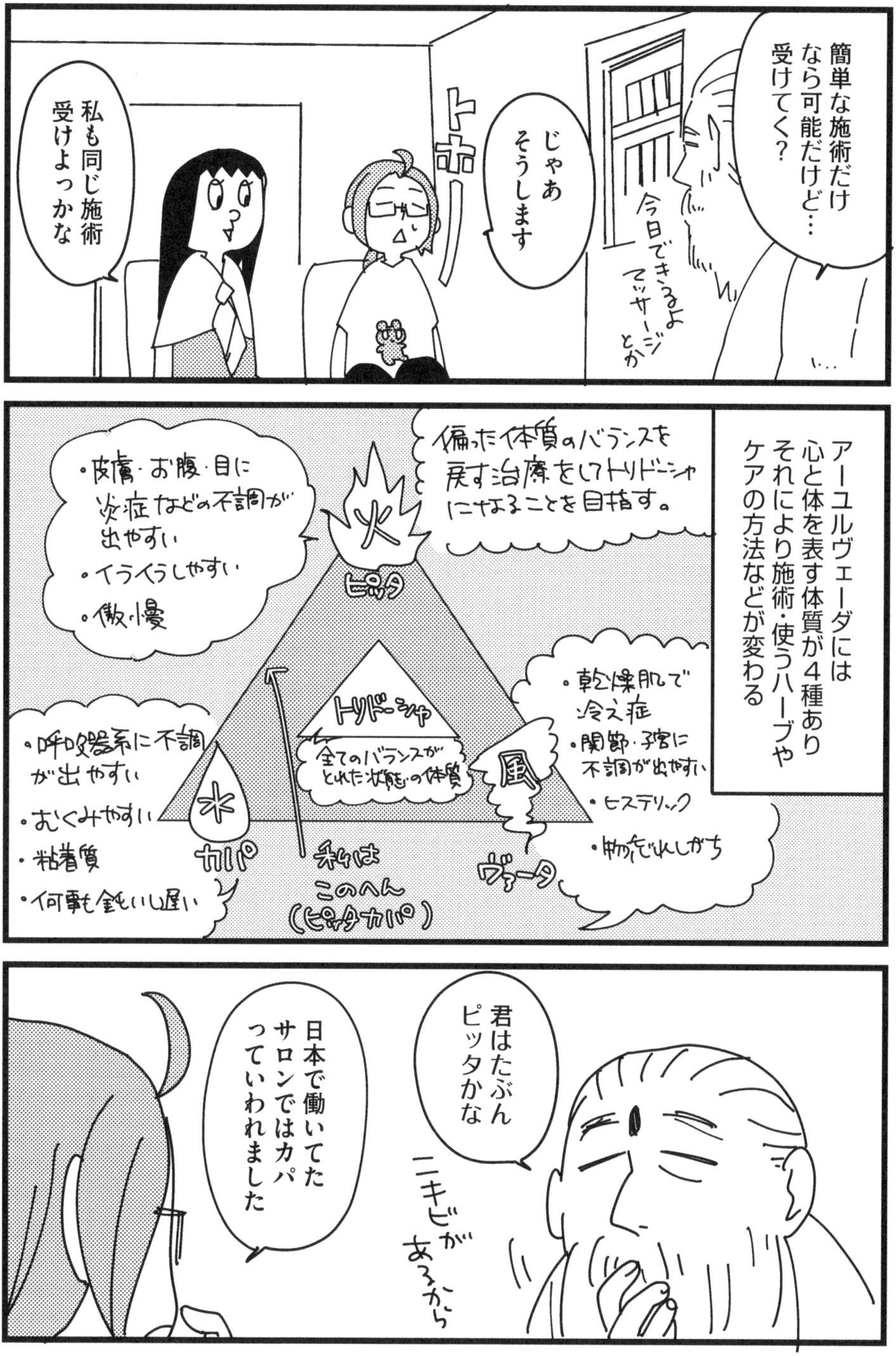
簡単な施術だけなら可能だけど…受けてく？
今日できるよマッサージとか
じゃあそうします
トホー
私も同じ施術受けよっかな
…
アーユルヴェーダには心と体を表す体質が４種ありそれにより施術・使うハーブやケアの方法などが変わる
偏った体質のバランスを戻す治療をしてトリドーシャになることを目指す。
・皮膚・お腹・目に炎症などの不調が出やすい
・イライラしやすい
・傲慢
火
ピッタ
トリドーシャ
全てのバランスがとれた状態の体質
・乾燥肌で冷え症
・関節・子宮に不調が出やすい
・ヒステリック
・物忘れしがち
風
ヴァータ
・呼吸器系に不調が出やすい
・むくみやすい
・粘着質
・何事も鈍いし遅い
水
カパ
私はこのへん（ピッタカパ）
君はたぶんピッタかな
ニキビがあるから
日本で働いてたサロンではカパっていわれました

うーん
カパもあるのか
カパにシロダーラは合わないけど…
やってもいいっか
ピッタもあるしね
本当はヴァータにいいんだけどね
施術の方針はドクターが決める
問診表
※アーユルヴェーダといえばシロダーラなんてやりたいと思われている
シロダーラは温めたオイルを額に垂らす術でリラックス効果があるといわれている
頭痛・不眠や目のつかれなどにも良いそう
ここにオイルが入ってる
タオルとかーかけてもらえず裸《ラ》
紙ふんどし
ヴーー
ペショ
ペショョョ
ヴーー
ペショョョ
ペショ
思ったより激しい

ほかの人って
これで
癒やされるの!?
ブンブン
ビシャ
※以前働いてたサロンでは専用機械が自動でやってくれた
トトーッ
施術も
ワイルド
終わったわよ
体をふくタオルは
どこにあるの?
えっ
タオル…って
もしかして
自分で
持ち込むの!?
ないのか…
これ
使って
いいわよ
ポイッ
あっ
ありが…
ボロロロ
雑巾!?
ないよりマシ
だったので
使わせてもらった
多分ベッドとかふくやつ

あ
バッタリ
ストールを帽子にしたらしい
油つくのを最少限にするためひっつめた
終わる時間一緒でしたね
ちょっと聞いてよ〜！
チップ要求されたんですけど
あかりちゃん大丈夫だった？
ドクターに言いつけるって一言うと撃退できるわよ！
要求はなかったけどチップあげました
50ルピーほど…
↑80〜100円くらい
その国の物価に合わせて軽食がたべれるくらいあげます。
エーーッ
なんで!? もったいない！
私も施術のあとにチップもらうと超うれしいので…
タオルもないのに!?
でもたしかに要求されたらいやかも…
自分から出すのはいいけど…
でしょ！
私がケチなわけじゃないのよ!!
もう一回施術を勧められたので次の予約をして帰宅
ただいま〜

おかえりなさい
どよ
例のカモの人!?
話を聞いてほしくて待ってました
どこ行ってたんですかおそいですよー
この暑い中まちぶせ!?
占いにいってきたんですよね
どうでした?
当たってる部分もあったんですけど…
違うかもって部分もあって…
あ…
やっぱり…

私の運がついてないのは
兄妹との仲の悪さが
原因っていわれて…
でも今回の旅行は
兄が疲れてる私に
プレゼントしてくれた
ものなんですよ
仕事を色々あってやめたトコ
オレが出してやるから
旅行でもして来いよ
兄
わたし兄のこと大好きなんです…
占い師に
「兄妹仲を良くする
※プージャを受けないと
どんどん不幸になる」
占い師（イメージ）
って
いわれて
しまって…
受けたほうが
いいと思いますか？
思考が
完全に
カモだ〜！
自分で気づいて
いないだけで私は
兄と仲が悪いん
でしょうか…

※お祓いの儀式のこと

あなたとお兄《にい》さんがどうかは知らないけど
ババに頼めばプージャなんていらないでしょ
そ…そっか～！
ダルシャンでババに直接お願いすればいいわよ
これで明日受けないいっていいにいけます
えっ
いいにいくんですか？
わざわざ？
え？はい
どうするか明日までに決めるって約束したので…
いって大丈夫!?

次の日
見て見て!
似合う!?
ワァ
ゴージャスなサリーですね
さっき買ってそのまま着てきたの!
いつも通ってるお店で気に入って超粘ってねぎっちゃった!
お昼のダルシャンはこの格好で推しに会いにいくわよ♡
※推し…サイババ
このガネーシャももらってきちゃった!かわいいでしょ!
サリー高かったしこのくらいもらっても全然いいわよね!
服ねぎってもぜったいボられてるし!!
それは盗んだというのでは…!?
てて!?

昼のダルシャン後
どよ
あっ……（察し）
プージャ断ってきたんですよね
はい…っ
でも聞いてください！プージャを断ったら占い師に
「じゃあ今日押さえておいた時間分のキャンセル料を払え」っていわれて
しかもキャンセルを伝えるための通訳料までMさんに請求されました

昨日のうちに
キャンセル料とか
通訳料とか説明すべき
だと思いませんか⁉
おかしいでしょ⁉
わかりやすく
カモられたなぁ
でもあなた
おかしいと思ったのに
お金払ったんですよね
?
なんで?
おかしいと思ったら私たちじゃなくてMさん本人に言うべきよ
インド人から
ガネーシャ像
を強奪する
がめつさ
あれ
このふたり…
妙に対照的だな…
なんで聖地で
サギに
あうこと
ですか
サイババは守って
くれないん
ですか
言われるまま
お金を払う
気の弱さ

16 サイババ寺にて③

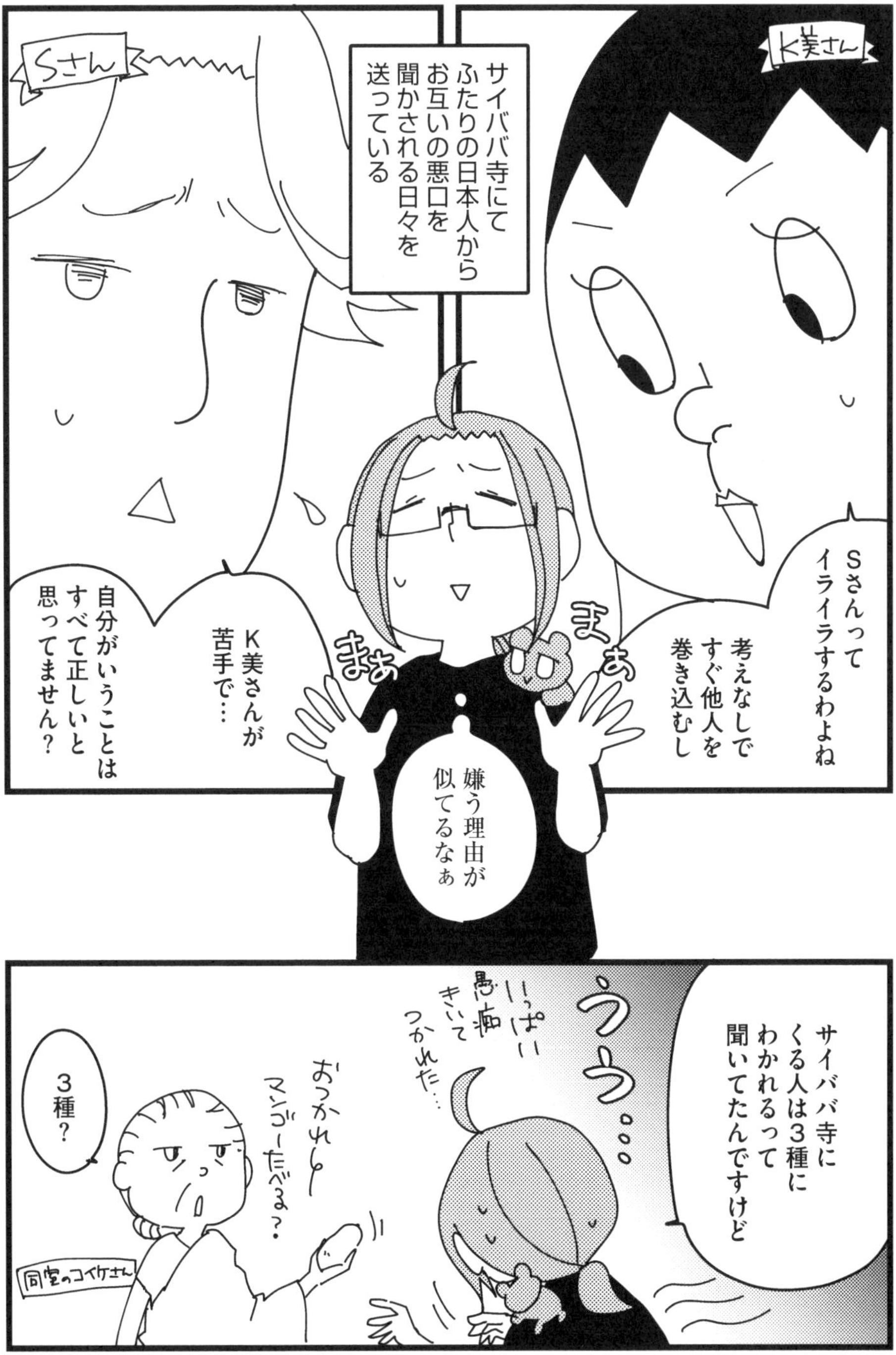
サイババ寺にて
ふたりの日本人から
お互いの悪口を
聞かされる日々を
送っている
K美さん
Sさんって
イライラするわよね
考えなしで
すぐ他人を
巻き込むし
Sさん
自分がいうことは
すべて正しいと
思ってません？
K美さんが
苦手で…
まぁ
まぁ
嫌う理由が
似てるなぁ
サイババ寺に
くる人は3種に
わかれるって
聞いてたんですけど
うう…
いっぱい
愚痴
きいて
つかれた…
3種？
おつかれ〜
マンゴーたべる？
同室のコイケさん

①なんとなく
②修行として見たくない自分を見るため
③②の人のお世話をするため
って聞いたんですけど
ひとつはなんとな〜くきちゃったって人
ババに顔だけ見せにきたタイプ
ふたつめは修行が必要な人
だいたいは目をそらしてきた「見たくない自分」を見ることになって
成長のために事件に巻き込まれたりすることもある
みっつめは修行者に気づきを与える役目の人
この役目をすると徳が積まれて来世ではサイババの近くに生まれるっていわれてるんだよ
K美さんとSさんは②よね
やっぱり！
「見たくない自分」って正反対の人のことだったんですね！
ババから与えられた課題が同じってことだね
まるっきり似てて同族嫌悪のこともあるよ
コイケさんは③のお世話係ですね？
K美さんのっ？
あなたも③よ

私ひとりじゃ
K美さんのお世話に
足りなかったから
ババがあなたを
呼んでくれたのよ
世話係がふたりも
つくことが
あるんですか!?
姫じゃん!!
オホホ
私がいっても聞いて
くれなかったことを
あなたがいうと
素直に聞くから
助かったわ〜
トン
トン
ついでに
Sさんのことも
ふたりで世話してる
感じはあるよね
あ〜〜〜
あるかも
あかりちゃん
けっこう面倒な役
押し付けられてるから
来世は
ババの側《そば》に
生まれると
思うよ
来世!

それは…信者だったら最高の誉《ほま》れなんでしょうね…
ここに滞在してババに愛されて喜ばないのあなたくらいよ⁉
さて
本当はここから私がK美さんにしたお世話ぶりを描きたいところなのだが
なん……っも覚えとらん
今コレを描いてる私
かみの毛切りました
24時間寝てる以外ほぼずっと一緒にいたのに
具体的なことを何も思い出せない
知り合いの霊能者Wさんが以前
天からいわされた言葉って何も思い出せなくなるのよね
といっていた

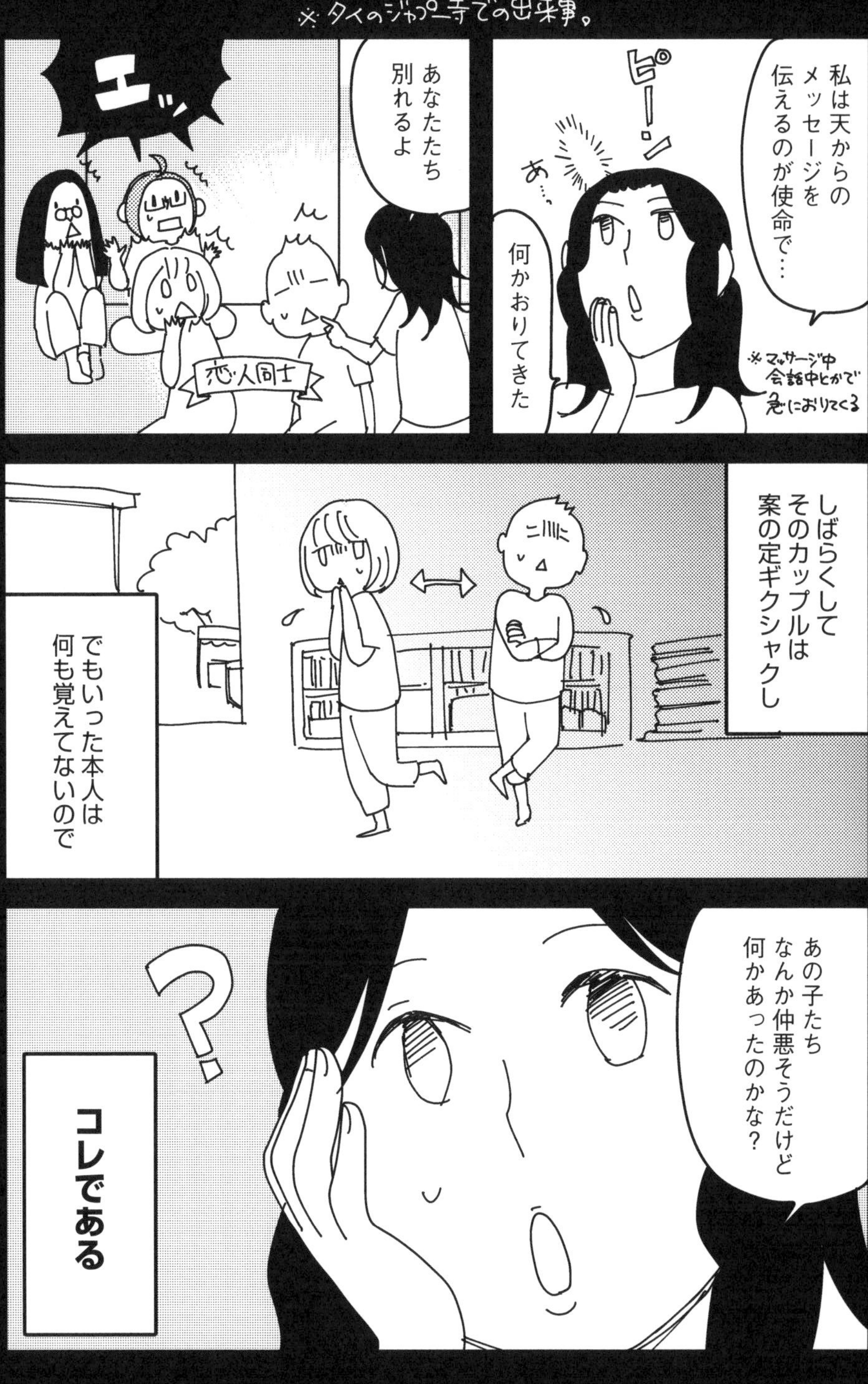

※タイのジャプー寺での出来事。
私は天からのメッセージを伝えるのが使命で…
ピーン
あ…
何かおりてきた
※マッサージ中会話中とかで急におりてくる
あなたたち別れるよ
エッ
恋人同士
しばらくしてそのカップルは案の定ギクシャクし
でもいった本人は何も覚えてないので
あの子たちなんか仲悪そうだけど何かあったのかな？
コレである

※今は7日間になってます
あんなん いわれたら そりゃ～… なぁ？
次なに言われるか こわいわ
しかも ここにきて 1日目にね…
ここで10日間過ごすんだよ…？
もうちょっと タイミング 考えられたらなぁ
なんでだろー
私なら言わんが
勝手にクチから出て 覚えてないなんて 生きづらそうだよねぇ
知らん間に嫌われるコト多そう
私… アレと同じか～～～!!
やだー
ババに言わされてたやつじゃんー!!
記憶の大半を失った状態である
というわけで 記憶に残っている Sさんの話をする
思い出せないもんはしょーがない
聞いてください

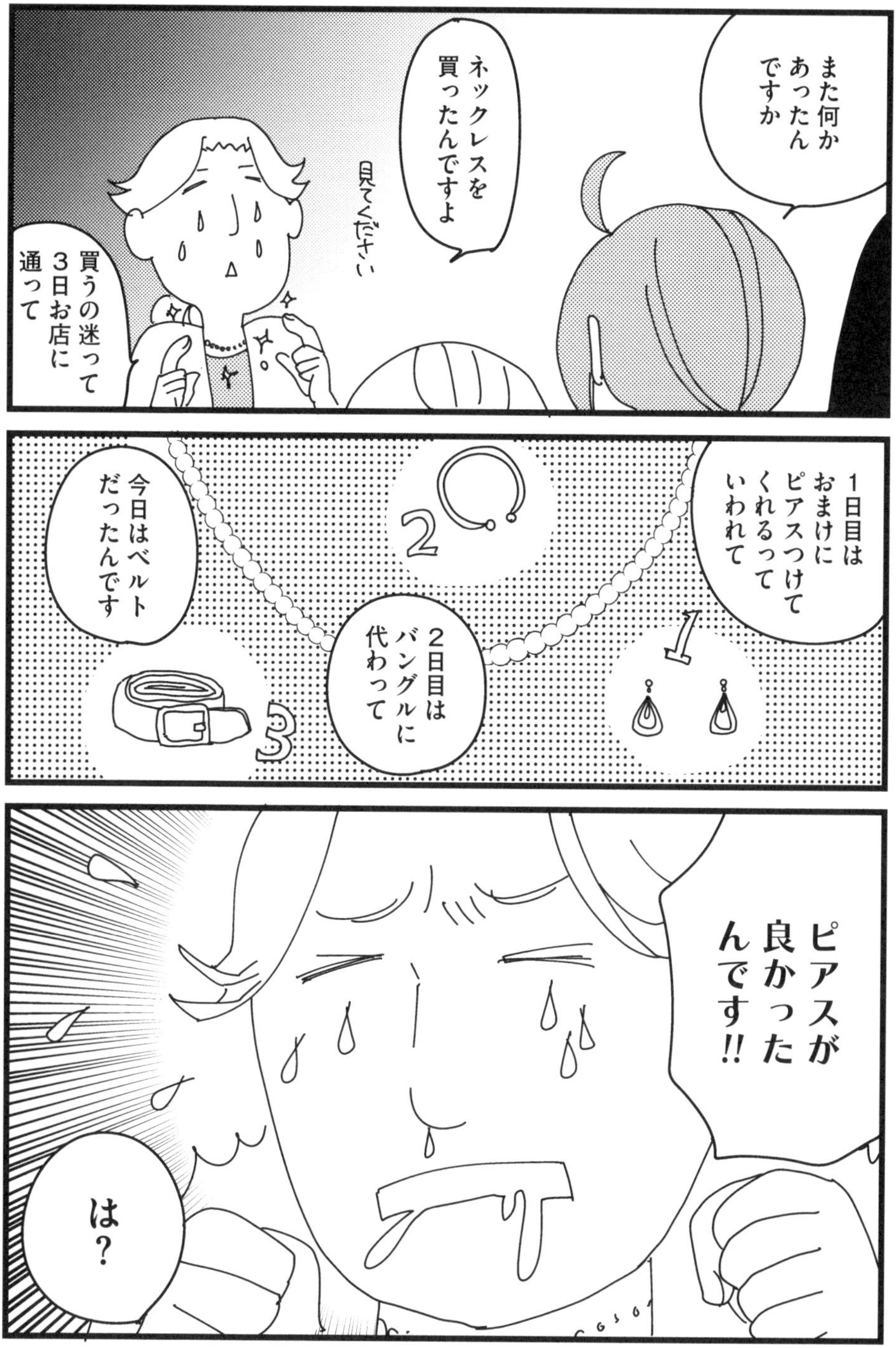
また何か
あったんですか
ネックレスを買ったんですよ
見てください
買うの迷って3日お店に通って
1日目はおまけにピアスつけてくれるっていわれて
1
2
2日目はバングルに代わって
今日はベルトだったんです
3
ピアスが良かったんです!!
は?

※別に英語ペラペラじゃないです
あかりさん英語できますよね!?
えっ
わたし!?
おまけをピアスに変えてっていいにいってくれませんか!?
い…いやですけど…
ヒドイッ
店の人がわるいとは思えないので…
なんで優しくしてくれないんですか!?
ピアスのほうがお得だったのに!
知らんがな
こんな感じで毎日くる
聞いてください
たすけてください
ワ
あかりさん助けてください
名指しできた
今日もきた

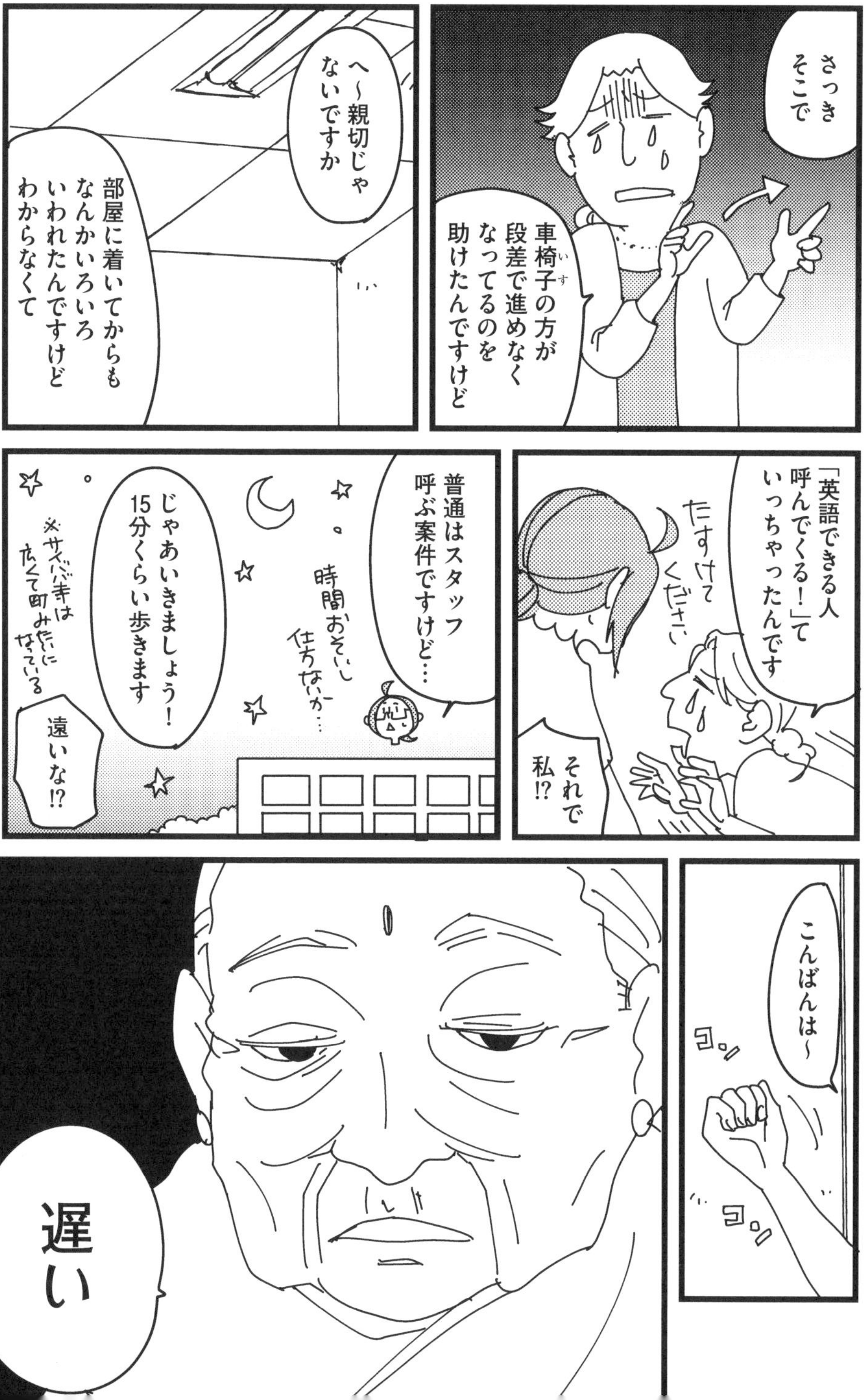

さっき そこで
車椅子《いす》の方が段差で進めなくなってるのを助けたんですけど
へ〜親切じゃないですか
部屋に着いてからもなんかいろいろいわれたんですけど わからなくて
「英語できる人呼んでくる!」っていっちゃったんです
たすけてください
それで私!?
普通はスタッフ呼ぶ案件ですけど…
時間おそいし仕方ないか…
じゃあいきましょう! 15分くらい歩きます
※サイババ寺は広くて町みたいになっている
遠いな!?
こんばんは〜
コンコン
コンコン
遅い

お腹がすいて死にそうだわ
さっそくだけどそこにあるカレーを温めて持ってきてちょうだい
イラ…
なんていってるんですか!?
キッチンは奥よキレイに使いなさい
ザッ
なるほど…だからスタッフを呼べっていわないのか…
どういうことですか？
私が食べ終わったら食器を洗ってふいてしまってちょうだい
明日から朝と昼のダルシャンの送り迎えをすること
朝食はダルシャンの前に食べるから1時間前には用意しなさい
モグ

お断りします
キッパリ
私は召し使いではないので
…？
なぜ…サイババに一番愛されている私の世話を断るなんて
どうなっても知らないぞ！
スタッフを呼ばないのもあなたの召し使いになってくれないからですよね
サイババが「いつもおまえの振る舞いを見ているぞ」っていってますよ
ビビ
ミ
ニ

あかりさ～ん
なんで急に帰るんですか？
あの人を手伝っても人助けにはならないからです
Sさんが手伝いたいなら好きにしたらいいと思いますけど…
エッ
私は英語がわからないんですよ!?
ひどくないですか!?
英語ができるからってなぜ私があなたのいうことを聞かなきゃいけないんですか？
ババはあなたに「自分でできる範囲を見極めろ」っていってますよ
ハー
あの時ババの言葉としていったけど
どっちも覚えてるってことは
私の言葉だったな…
エヘ…

17 サイババ寺にて④

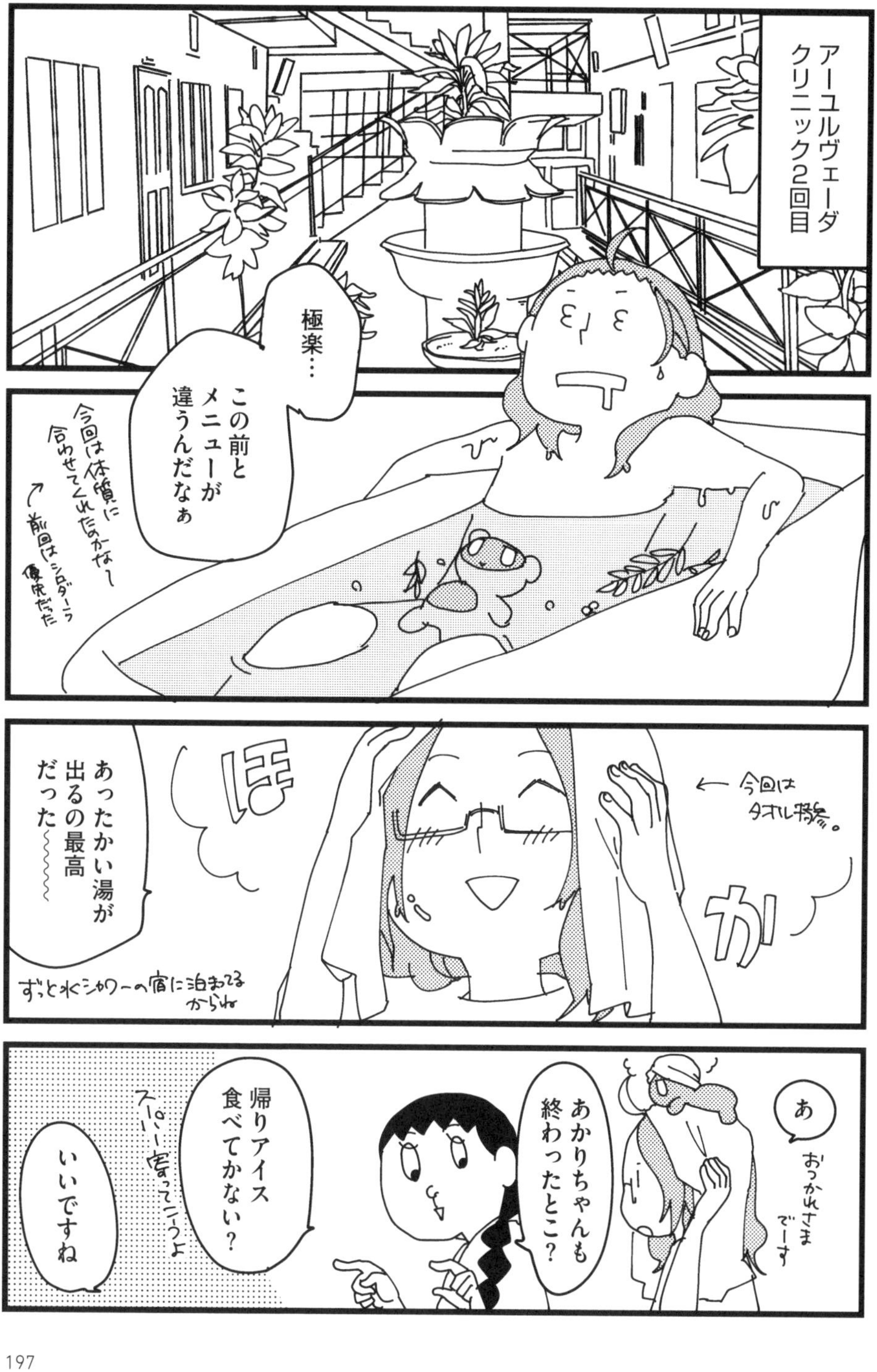

アーユルヴェーダクリニック2回目
極楽・・・
この前とメニューが違うんだなぁ
今回は体質に合わせてくれたのかな〜
前回はシロダーラ優先だった
← 今回はタオル持参。
ほか
あったかい湯が出るの最高だった〜〜〜
ずっと水シャワーの宿に泊まってるからね
あ
おつかれさまでーす
あかりちゃんも終わったとこ?
帰りアイス食べてかない?
スーパーに寄ってこーよ
いいですね

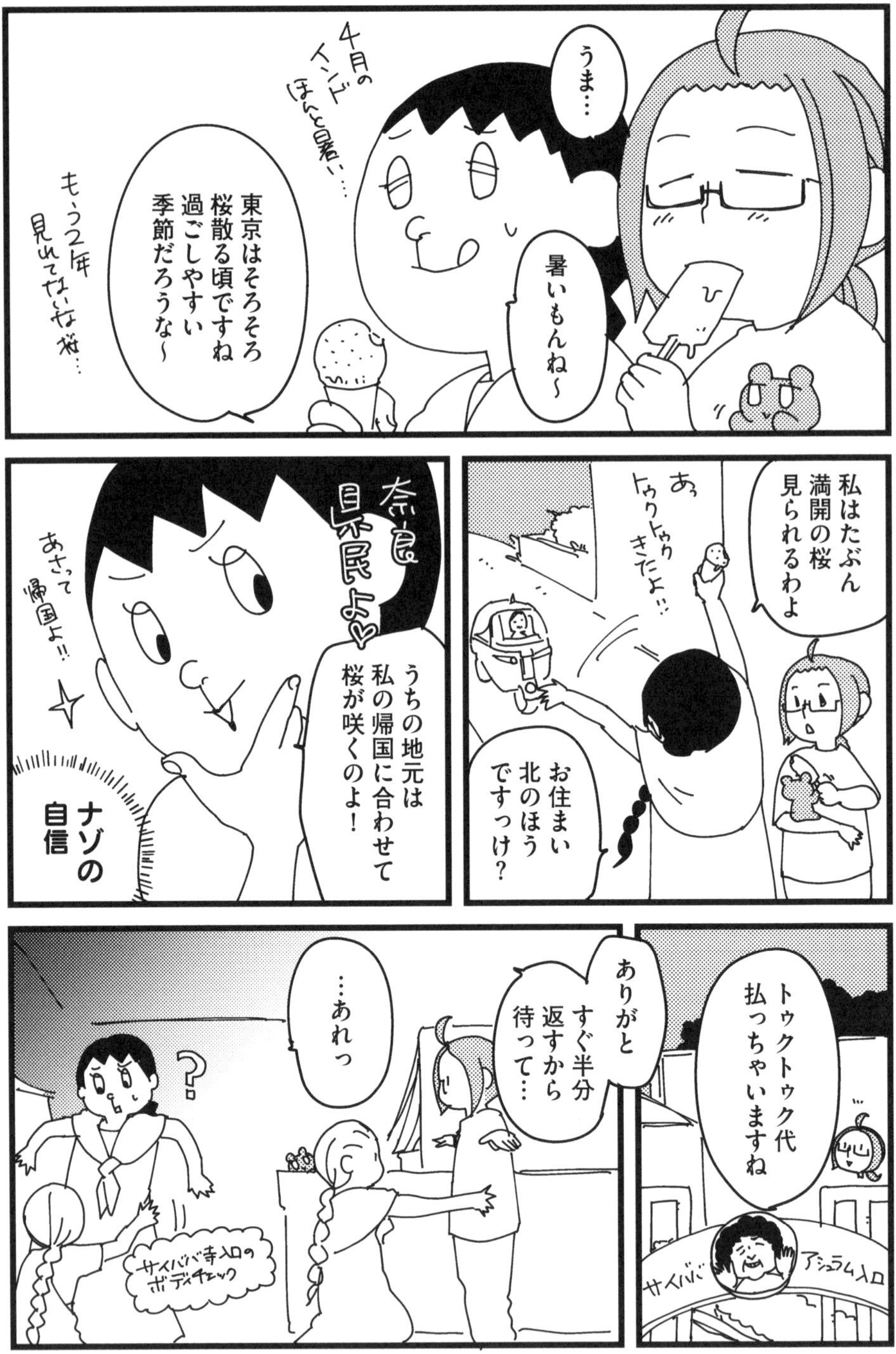
うま…
暑いもんね〜
4月のインドほんと暑い…
東京はそろそろ桜散る頃ですね過ごしやすい季節だろうな〜
もう2年見れてないな桜…
私はたぶん満開の桜見られるわよ
あっトゥクトゥクきたよ!!
お住まい北のほうですっけ？
奈良県民よ♥
うちの地元は私の帰国に合わせて桜が咲くのよ！
あさって帰国よ!!
ナゾの自信
トゥクトゥク代払っちゃいますね
サイババ
アシュラム入口
ありがと
すぐ半分返すから待って…
…あれっ
?
サイババ寺入口のボディチェック

どうしたんですか？
ない…
パスポートも財布も入ったポーチが丸ごとない‼
え〜〜〜〜〜〜〜〜！
スーパーでアイス食べたとこまではありましたよね
うん
トゥクトゥクに忘れた…？
椅子にも足元にも何もなかったと思いますよ
え〜なんで⁇

肩ひもはチェーンだったから簡単に切れないはずだし
肩かけのがま口
うーん…
ストールの下にかけてたはず…
突然消えたとしか思えない…
それにあのポーチにはギベオンが入ってるのよ
その波動が気づけないとは思えないし
隕石。ナゾの鉄の板って感じだった。
ギベオン
いまも近くにある気がするのよ…！
なんか変なこといい出したぞ
つまり…
見つかるから捜さなくてもいいってコトじゃない…？
エッ!?

イヤイヤイヤ
捜しましょうよ!
あさって帰国でしょ!?
パスポート入ってるんでしょ!?
エッ
ババに見つけてもらうんじゃなくって!?
自分でも捜しましょ!?
自分でって…どうするの?
私人生でラッキーしか起こったコトなくてこういうの初めてなのよ…
ええ。。。
きた道を戻ってみるとか…乗ってたトゥクトゥクを捜すとか…
あと一応警察にも届けたほうがいいと思います
クレジットカードを止めて…
パスポートは大使館だからバンガロールまで出なきゃ…
ガーン
フツーの人ってそんないろいろをがんばるのね!?
それが清く正しい生き方なのね!?
コレはババが私に与えたフツーを体験する試練かも!?

とりあえず
きた道を
戻りましょう
キョロ
道に落ちてないか
よく見て
歩きましょう
さっきのトゥクトゥク
いないかなー
えっ…
まさか
歩いて
戻るの⁉
徒歩じゃないと
見つけるの難しく
ないですか?
あるいたら
20分は
かかるわよ…
神に頼らないで
解決するのって
大変なのねぇ
捜しながらなので1時間あるいたよ
ハァ
ないか〜〜〜

※現金紛失では保険はおりないです。

※『世界一ぬい旅』(竹書房刊)P67参照

ないけど気配だけある…
そう
覚えがあるぞ…
※前にボリビアでヌイチャンが消えた時に私もその感覚でした
ホントに!?
?
じゃあやっぱ見つかるじゃない!
やっぱりとは…
そうだといいですが…
ん〜。。。
とりあえず一日帰りましょうか
もう日も暮れるしアジュラムのスタッフにも一応対応きいた方がいいかもしれないし…
W.C.
あっ
待ってちょっとトイレにいってくる

あかりちゃん
お待たせ〜
帰ろ〜
バタ
バタ
バタ
バタ
トゥクトゥクの
ドライバー！
!?
あ〜!!
あっ
私の
ポーチ!!

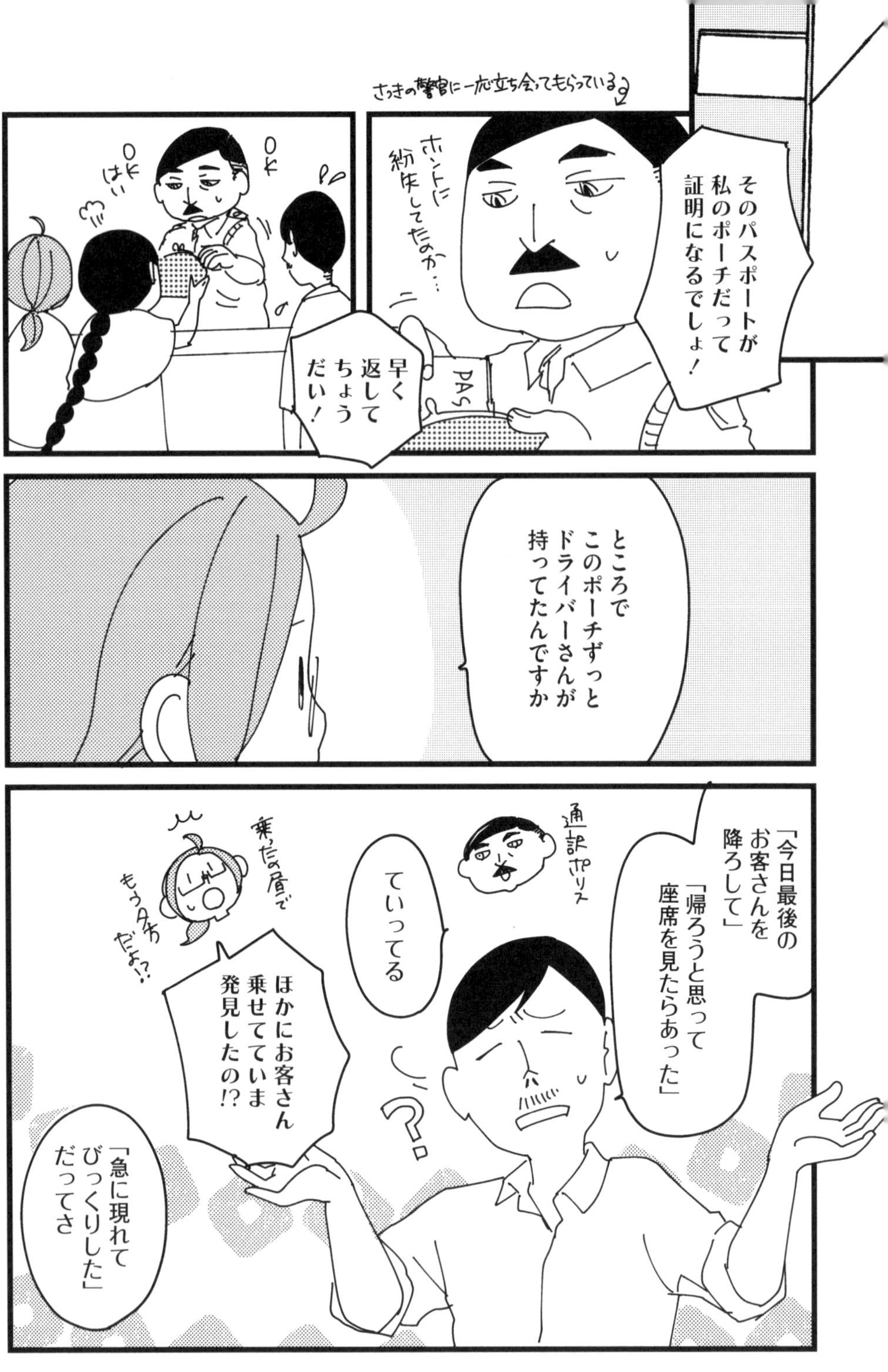
さっきの警官に一応立ち会ってもらっている
そのパスポートが私のポーチだって証明になるでしょ！
ホントに紛失してたのか…
早く返してちょうだい！
PAS
OK
OK
はい
ところでこのポーチずっとドライバーさんが持ってたんですか
「今日最後のお客さんを降ろして」「帰ろうと思って座席を見たらあった」
通訳ポリス
ていってる
乗ったの昼で
もう夕方だよ!?
ほかにお客さん乗せてていま発見したの!?
「急に現れてびっくりした」だってさ

※2千ルピー（日本円で約3〜4千円）は当時は一番高額な紙幣。2023年9月末に廃止になった

でもなんかやっぱ ポーチの消え方 おかしかったし
ババがあかりちゃんに 奇跡を見せたくて いたずらした んじゃないかしら…
失踪した ヌイチャンの時みたいにして
ババ… もっと宝くじ あてるみたいな 奇跡にしてほしい…
ただいま～
先シャワー 浴びていい？
どうぞ～
!
おかえりなさい 待ってました…
ドヨーン
また きてる

前回までのあらすじ：紛失物を捜し回って帰ってきたら
不景気な顔をしたSさんが待ちぶせしていた
おかえりなさい〜
ウワァ…

早くねたい…
あの…われわれ大変疲れてるので今日は帰ってもらえませんか…？
待ってたのにヒドイ!!
部屋に入れてくださいよぉ

18 サイババ寺にて⑤

!!
ワ
（しょうもないグチ）
（また詐欺にあいかけたエピソード）
（Mさんの悪口）
※いつものやつ
ヒドイと思いませんか！

Mさん…
たしかに
能力はないし
関わり
たくない
わよね
黒いとこ
ばっかりな
人だけど
ん
ほら!!
でしょ!
ダメよ!
?
どうしたん
ですか
悪口を
いったら
あっ
え?
ゾク
ほら
きちゃった
じゃない
ポタ…

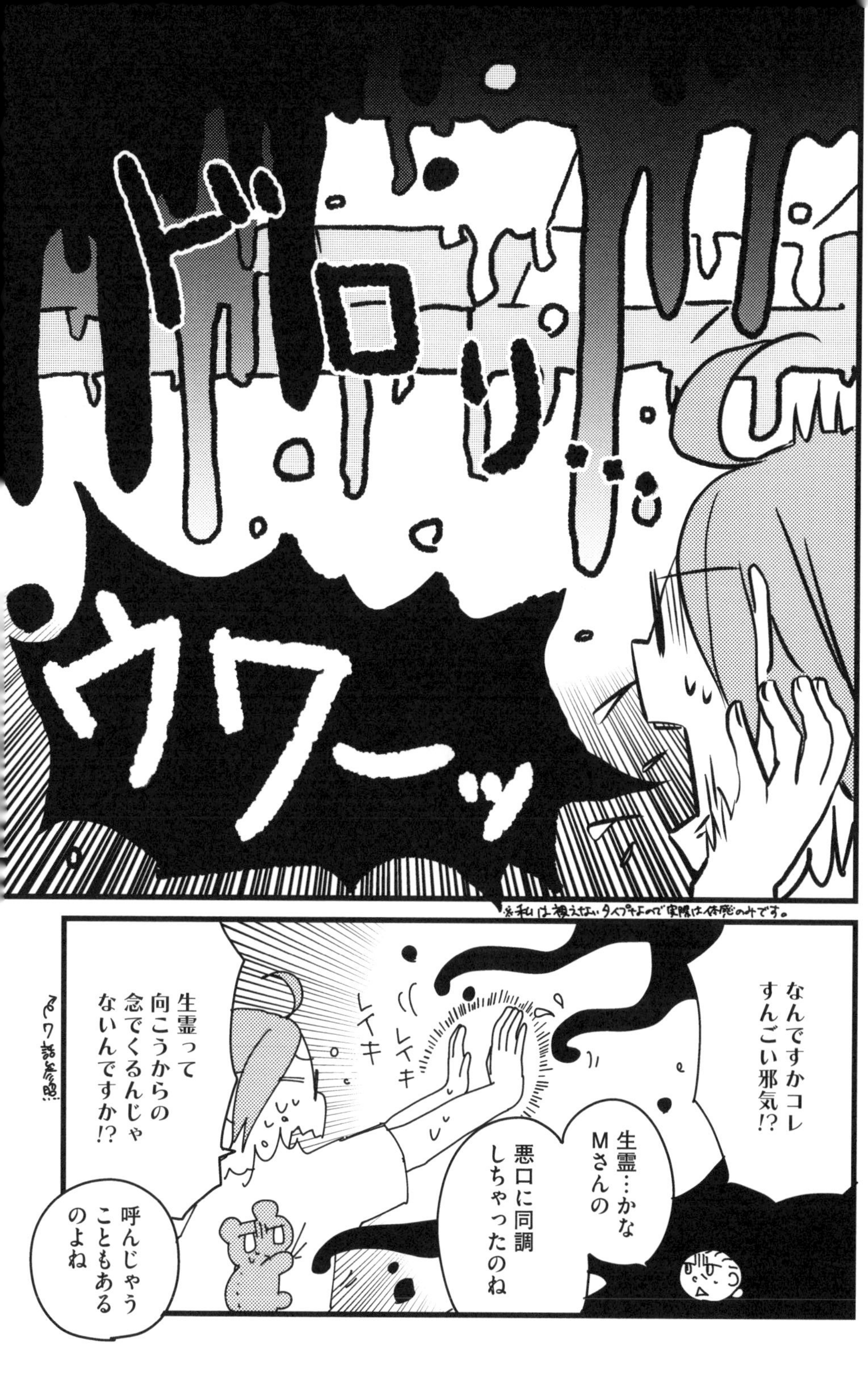
ドロドロ
ウワーッ
※私は視えないタイプなので実際は体感のみです。
なんですかコレ
すんごい邪気!?
レイキ
レイキ
生霊…かな
Mさんの
悪口に同調
しちゃったのね
生霊って
向こうからの
念でくるんじゃ
ないんですか!?
↖7話参照
呼んじゃう
こともある
のよね

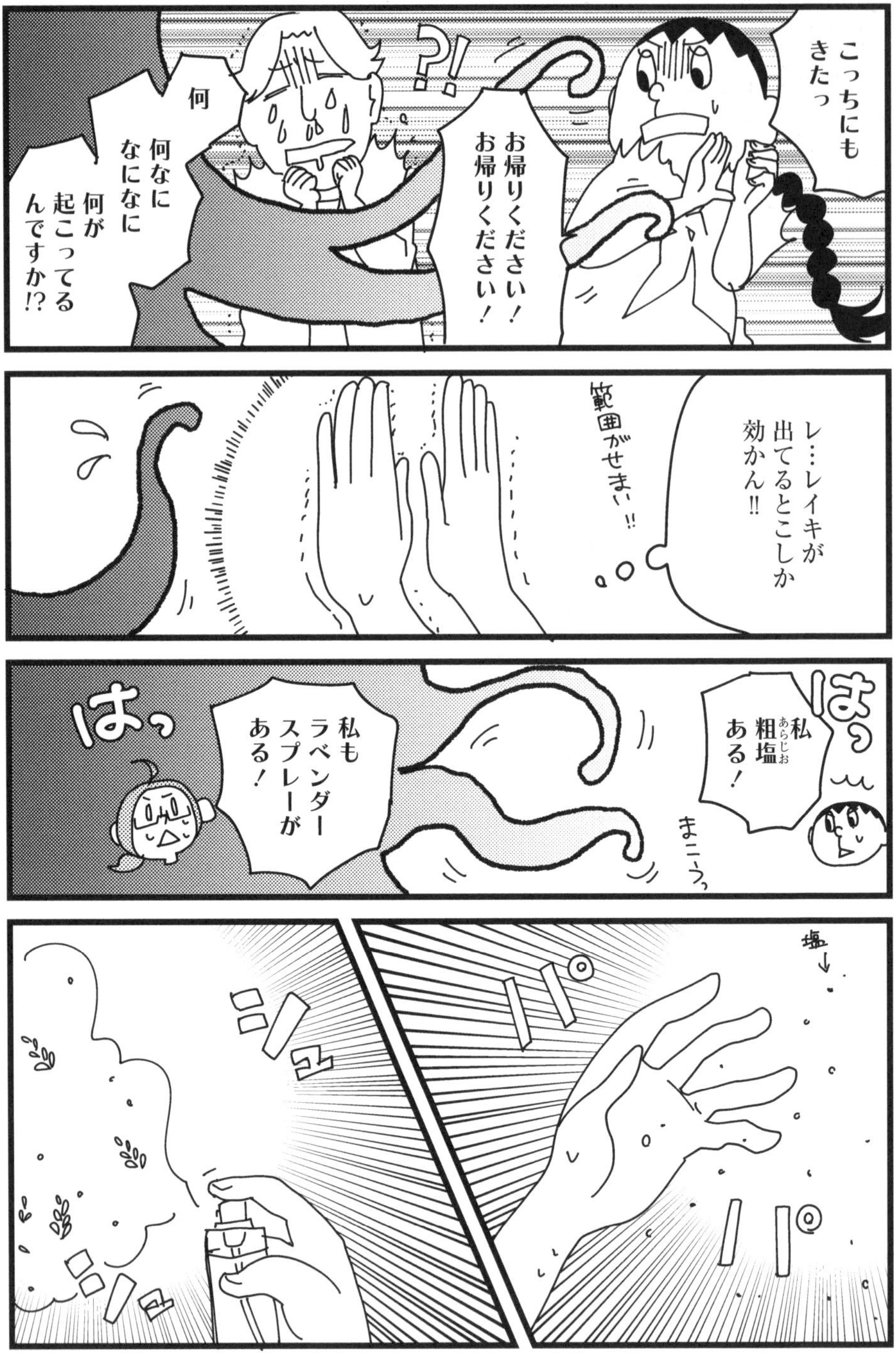
こっちにもきたっ
?!
お帰りください！お帰りください！
何
何なになになに
何が起こってるんですか!?
レ…レイキが出てるとこしか効かん!!
範囲がせまい!!
はっ
私粗塩《あらじお》ある！
まごっ
はっ
私もラベンダースプレーがある！
塩↓
パ
パ
シュ
シュ

スっ
…消えた？
ぽいっ？
ゼェ
？
？
？
なんだったんですか？
みんなどうしちゃったんですか!?
意識が低すぎるとおばけを呼んじゃうことがあるってこと！
悪口をいいにくるのはもうやめなさい！
おばけがいたんですか!?
もう今日は帰りなさい

ふたりも
お疲れさま
大変だったけど
何か学びが
あったんじゃない？
ババが許したから
あんなん来たん
だもんね
よく
わからない…
うーん
レイキの範囲の
狭さにびっくり
したかなぁ…
レベルとかに
よるのかも
しれんけど…
とにかく
疲れた
寝ましょ…
お疲れさま
おやすみ
電気
消すわよ
パッ
ドサ
K美さんの
財布紛失から
Mさんの生霊
までいろいろすごい
一日だったなぁ…
メガネ
はずさにゃー
この匂い…
だれか
ナグチャンパ
焚《た》いてます？
ナグチャンパ
サイババ印
の
お香
浄化力が
高い。
火、
大丈夫？
ムク
え？

ホントだ
ババの線香の
においだわね
私じゃないわよ
ここ火気厳禁だし
窓も閉めてる
から外からじゃ
ないだろうし…
このにおいって
なんなんで…
えっ
これは…
なんか
においが
変わった…
お花?
あっ
ジャスミン!
ババの
花よ!

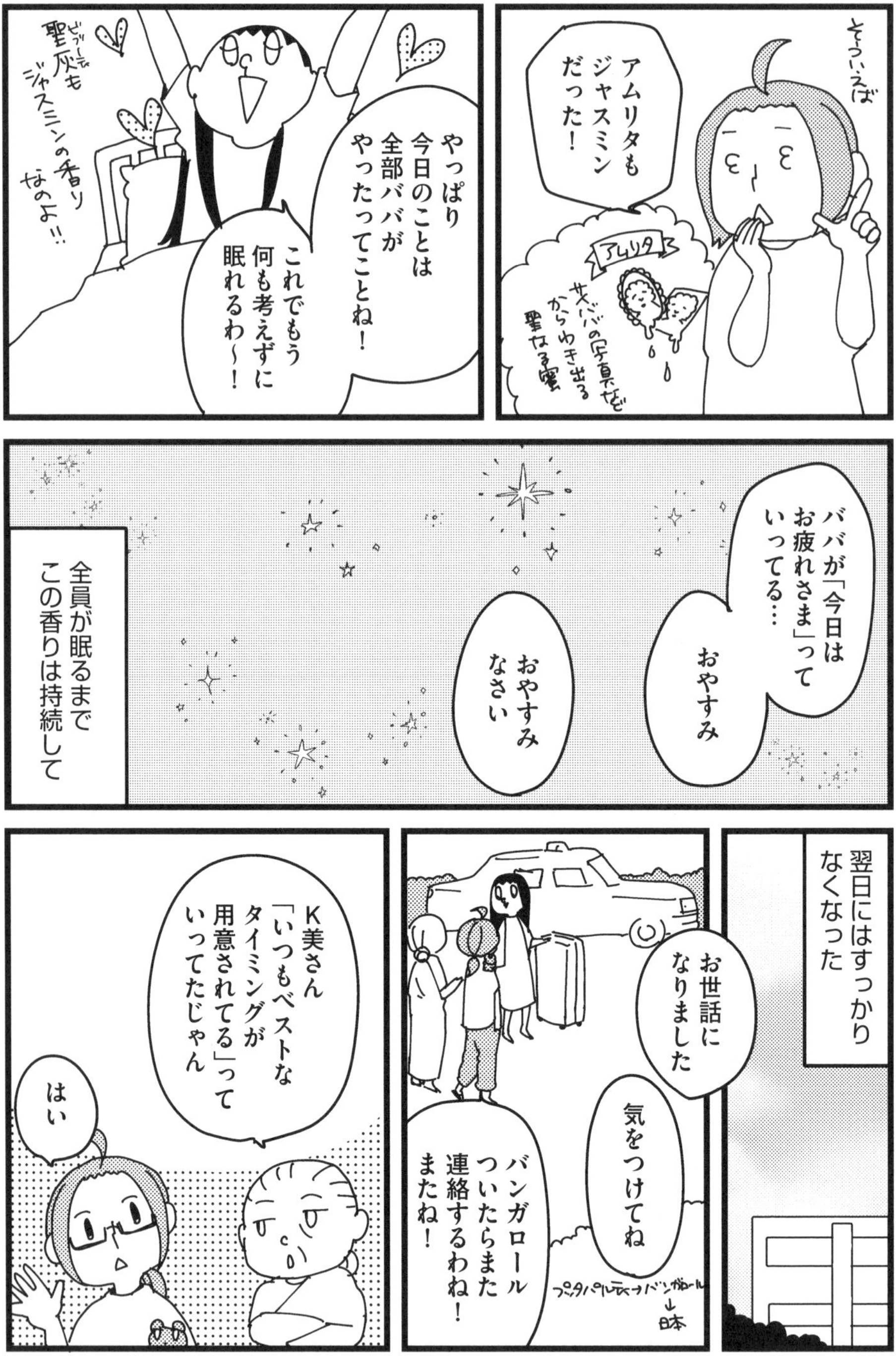
そういえば
アムリタもジャスミンだった！
アムリタ
サイババの写真などからわき出る聖なる蜜
聖灰《ビブーティ》もジャスミンの香りなのよ!!
やっぱり今日のことは全部ババがやったってことね！
これでもう何も考えずに眠れるわ〜！
ババが「今日はお疲れさま」っていってる…
おやすみ
おやすみなさい
全員が眠るまでこの香りは持続して
翌日にはすっかりなくなった
お世話になりました
気をつけてね
バンガロールついたらまた連絡するわね！またね！
プッタパルティ→バンガロール→日本
K美さん「いつもベストなタイミングが用意されてる」っていってたじゃん
はい

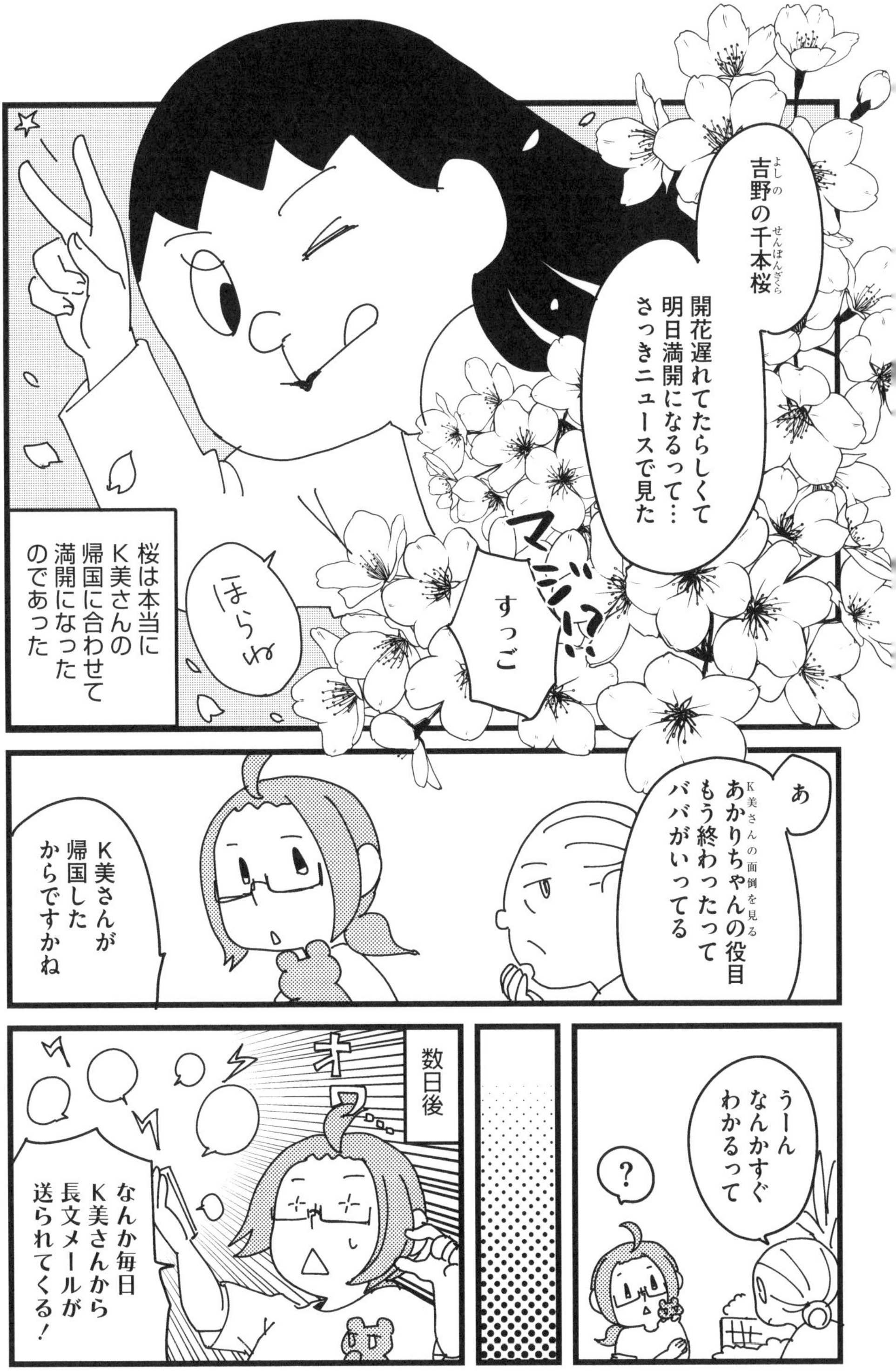

吉野《よしの》の千本桜《せんぼんざくら》
開花遅れてたらしくて
明日満開になるって…
さっきニュースで見た
マジ!?
すっご
ほらね
桜は本当に
K美さんの
帰国に合わせて
満開になった
のであった
あ
あかりちゃんの役目《K美さんの面倒を見る》
もう終わったって
ババがいってる
K美さんが
帰国した
からですかね
うーん
なんかすぐ
わかるって
?
数日後
オワ
なんか毎日
K美さんから
長文メールが
送られてくる!

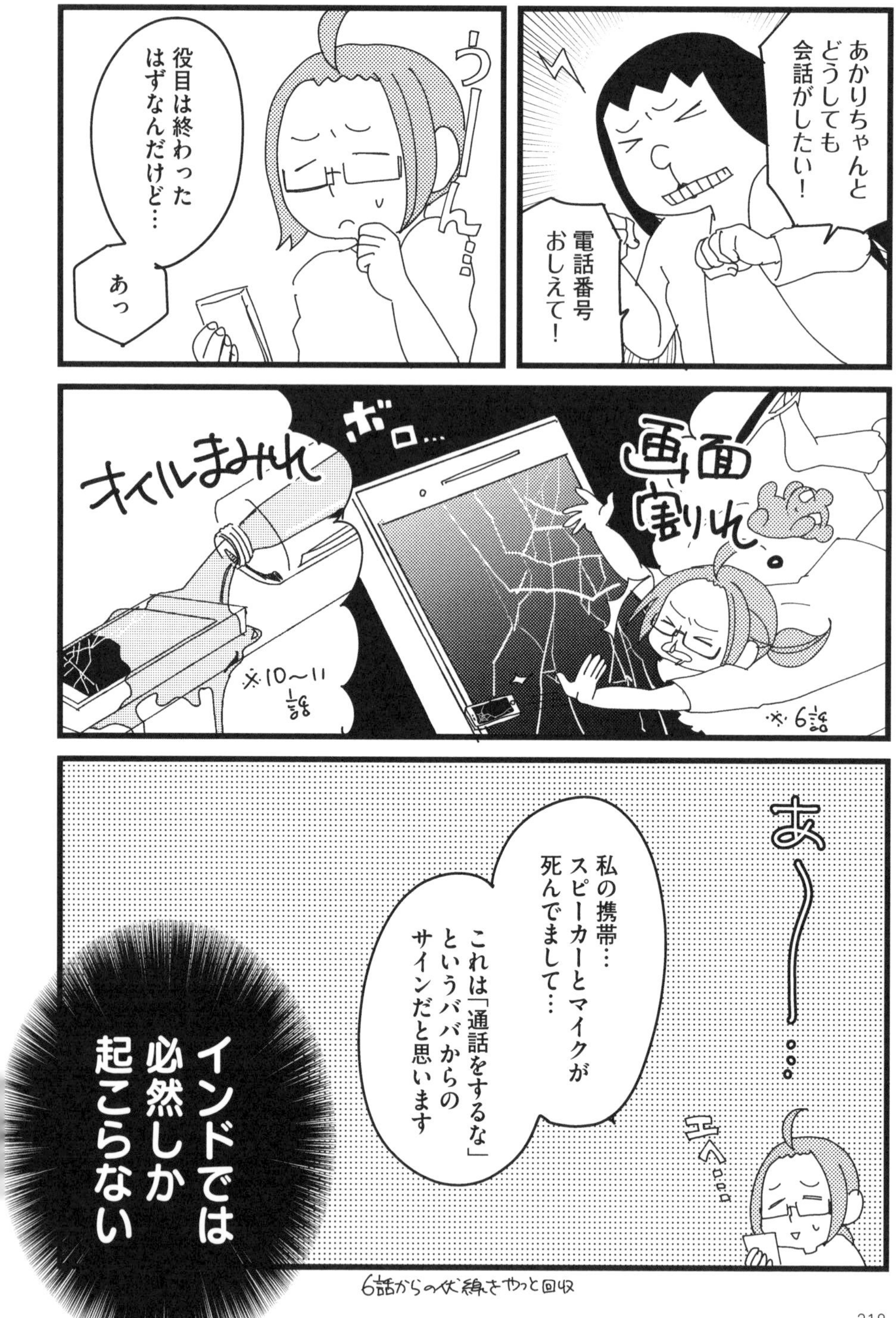
あかりちゃんとどうしても会話がしたい！
電話番号おしえて！
うーん…
役目は終わったはずなんだけど…
あっ
画面割れ。
※6話
ボロ…
オイルまみれ
※10〜11話
あ〜〜〜…
私の携帯…スピーカーとマイクが死んでまして…
これは「通話をするな」というババからのサインだと思います
エヘ…
インドでは必然しか起こらない
6話からの伏線をやっと回収

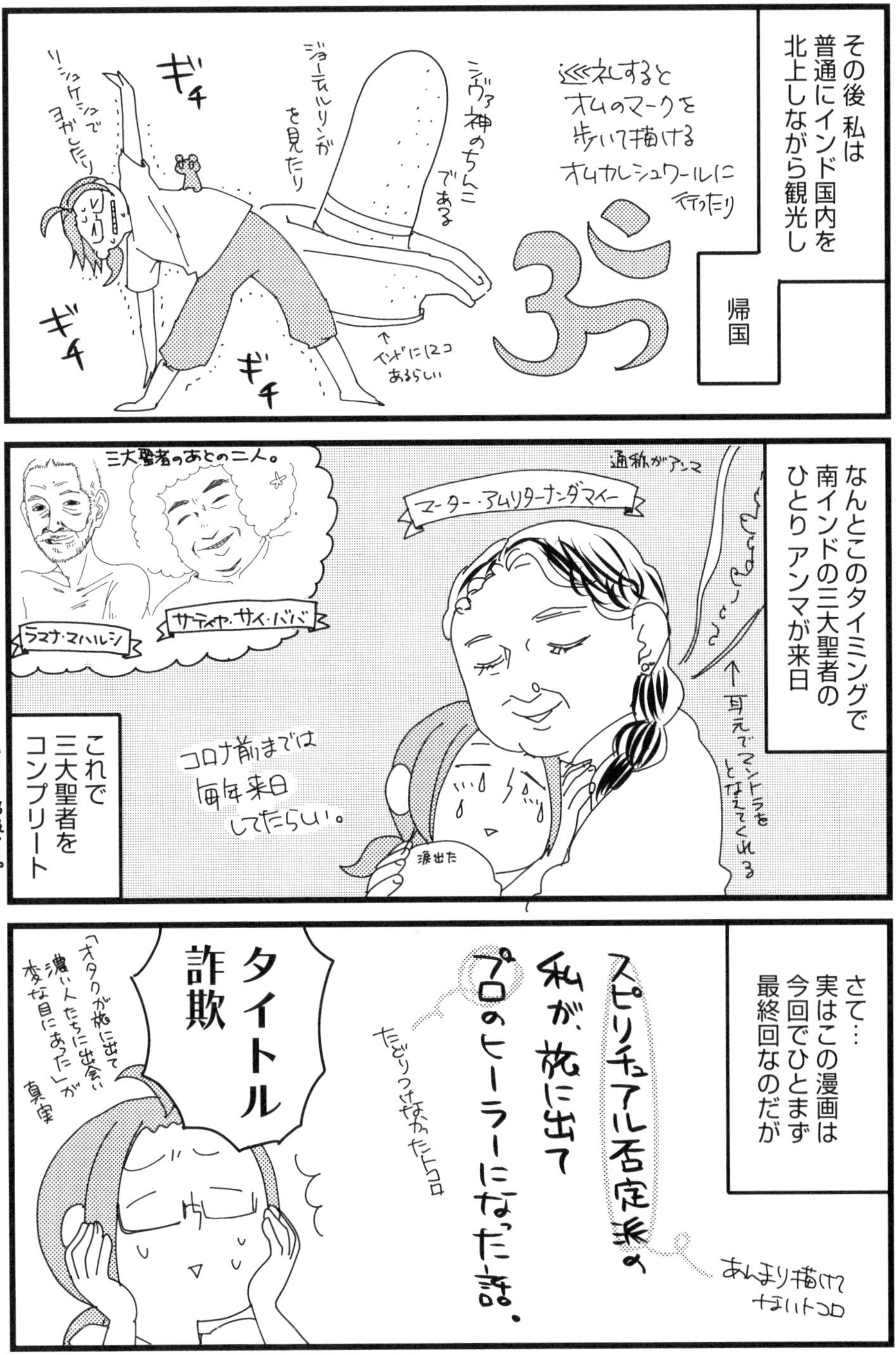

その後 私は普通にインド国内を北上しながら観光し
巡礼すると オムのマークを 歩いて描ける オムカレシュワールに 行ったり
シヴァ神のちんこである
ジョーティルリンガを見たり
↑インドに12コあるらしい
リシュケシュでヨガしたり
ギチ
ギチ
ギチ
帰国
なんとこのタイミングで南インドの三大聖者のひとりアンマが来日
通称がアンマ
マーター・アムリターナンダマイー
↑耳元でマントラをとなえてくれる
涙出た
コロナ前までは毎年来日してたらしい。
三大聖者のあとの二人。
サティヤ・サイ・ババ
ラマナ・マハルシ
これで三大聖者をコンプリート
「三大」は諸説アリ。
さて… 実はこの漫画は今回でひとまず最終回なのだが
スピリチュアル否定派の私が、旅に出てプロのヒーラーになった話。
あんまり描けてないトコロ
たどりつけなかったトコロ
タイトル詐欺
「オタクが旅に出て濃い人たちに出会い変な目にあった」が真実

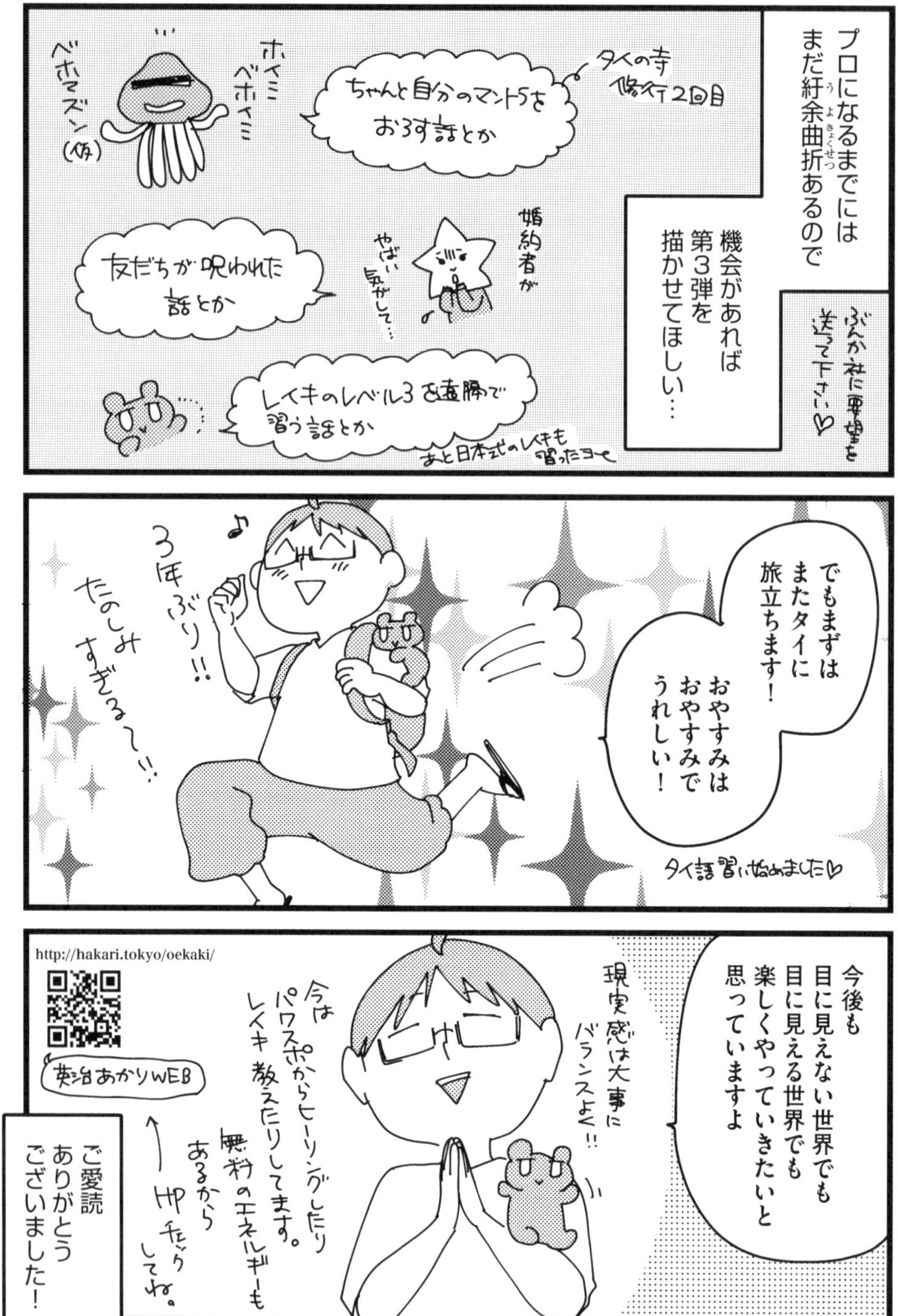
プロになるまでにはまだ紆余曲折《うよきょくせつ》あるので
機会があれば第3弾を描かせてほしい…
ぶんか社に要望を送って下さい♡
タイの寺修行2回目
ちゃんと自分のマントラをおろす話とか
ホイミ ベホイミ
ベホマズン(仮)
婚約者が
やばい気がして…
友だちが呪われた話とか
レイキのレベル3を遠隔で習う話とか
あと日本式のレイキも習ったヨー
でもまずはまたタイに旅立ちます!
おやすみはおやすみでうれしい!
3年ぶり!!
たのしみすぎる〜!!
タイ語習い始めました♡
今後も目に見えない世界でも目に見える世界でも楽しくやっていきたいと思っていますよ
現実感は大事にバランスよく!!
今はパワスポからヒーリングしたりレイキ教えたりしてます。
無料のエネルギーもあるからHPチェックしてね。
http://hakari.tokyo/oekaki/
英治あかりWEB
ご愛読ありがとうございました!

※作中に出てきた物、人、場所、治療法等の紹介、また個人的なご相談等への返信はできません。ご了承ください。

Column 3

日常的なおばけ対策とは!?

- 早寝早起きをする
- バランスのとれたごはんを3食、よくかんでたべる
- お水（湯）を適量こまめに摂取する
- 適度に運動する
- うがい、手洗いなどこまめに身を清める
- 歯、肌、ツメ、髪などをケアする
- メイクを濃い目にする
- 一日の終わりに湯船に浸かる
- 苦手な人やもの、場所からは遠ざかる
- 悪口をいわない、悪口に同調しない
- 楽しい趣味の時間を持ち、ストレスをためない
- 不要なものを捨て、住まいをきれいに保つ
- タンスに乾燥剤、防虫剤などを入れておく
- 心霊系動画等を見ないようにする

これらはおばけ対策の一例ですが、つまり心身の健康に気をつけ、身の回りを清潔に保ち、現実を大事にして楽しく生活するのがおばけに憑かれないための対策になります。「そんな普通のこと!?」と思われるかもしれませんが、普通が一番ですよ。

ウソみたいですが、おばけ対策は菌・ウイルス・カビ・害虫対策に通ずる部分があります。「いるかも？」と思ったら部屋中ピカピカに、天井から壁から床までホコリをはらって、水拭きを。その際、水にユーカリやティートゥリーなどの精油を1滴入れるといいです。換気もしてくださいね。

また、おばけは湿気のあるところに出やすいです。「では砂漠には出ないのか」と思うかもしれませんが、世界で一番乾燥しているといわれるチリのアタカマ砂漠に旅行した際、部屋には全然いなかったのですが、シャワールームやトイレ等の水回りにはまとまっておばけの存在が濃い感じがしました。やはり基本的に湿気（水）に集まる習性があるんだろうと思います。

日本の梅雨〜夏、湿気が多い、水辺で過ごすような時季に怖い話が多いのも、そういう理由なのかなと思っています。

また、私はおばけ的なもの全般を、感電しているような体感（ピリピリ感）で感知しています。おばけがこの世に干渉する一般的な現象として、電気をチカチカさせるポルターガイストがあるし、水と親和性が高いのもそうなのですが、たぶん、おばけの波動って電気に近いんですよね。そういうこともあって、心霊系の動画などはおそらく電気・電波をつたっておばけが移動しやすくなると思うので、とくに自分が弱ってる時は見ないほうがいいです。

Column 4

オススメのお守りアイテム

悪いことが起こる前兆として、靴紐が切れる・花瓶が割れる等、ものが壊れたことはありますか？　実は、それらが身代わりとなって悪いものから守ってくれたため壊れてしまったのであって、「ものが壊れたから不吉」というわけではないのです。とはいえ全部の厄は防げなかったから結局悪いことが起きてしまうのですが（だから「前兆」と呼ばれてしまうのです）、身代わりになってくれた分、少し軽くなっているはずです。

壊れてしまったものは、自分を守ってくれたアイテムなのです。普段からいつも使っているもの、いつも身につけているものは大事にしておくといいですよ。

ただし、私のようなヒーラーやセラピスト、介護・医療関係者や有名人・芸能人等の「心のよりどころを必要としている人」を相手に仕事をする人は、どうしても悪いものの影響を防ぐのが大変になってきます。もう少し守る力の強いものがあると安心ですよね。

私は最近、家に悪い気を入れないためにウインドチャイムを設置しました。ドアの開閉で音が鳴る、お店とかによくあるアレです。心地よい、と思う音のものをぶら下げておくと、家を出入りするたびに音が悪いものを浄化してくれますし、自分もその音で癒やされて便利です。また、外で浄化したい時に便利なのは塗香です。これは粉末のお香で「心身を清め、邪気を寄せつけないもの」として仏教で取り入れられています。私は少量手に取り、手のひらで擦り合わせてから、首の後ろに塗ったり、オーラ層に香りをいき渡らせるように頭上から体の下部へ手をなで下ろしていくような形で使っています。塗香がなかったら、浄化力の高いアロマを使った香水やスプレーなども良いと思います。私はラベンダー精油をそのまま持ち歩いていますが、フランキンセンスやローズマリーなども浄化にオススメの香りです。

ちなみに私の最強お守りはもちろんヌイチャンです。いつも連れているだけで「ヌイチャンがいるから最強！」という気持ちになれて、心の強さで悪いものも寄ってきづらくなります。おやつやコスメでも、もちろんパワーストーンや、神社やお寺などで手に入れたお守りでも、心のよりどころになればなんでもいいです。「私、最強！」と思えるものを常にカバンに忍ばせてくださいね。気分がアガる、というのが重要です。

あとがき

2023.12. えいちあかり

『スピ旅修行編』ありがとうございました！
読んで下さった方々 モデルになった方々 本に関わった方々 皆様ありがとうございます!! ラブ!!
まとめてみると意外とちゃんと修行してて自分でびっくり！
ウラ表紙はタロットの魔術師だよ（前回は愚者）
スピリチュアルを漫画にするのに困ること
それは特殊能力のなさ！
あっココなんかいるね!?
いるのはわかる（視えない）
絵にしなきゃいけないので描写に悩みます
う〜ん
体感だけ絵にしてもねえ…
たま〜に視えることもあるのだが
モヤ…
ヒーリング中に閉じたまぶたのウラに浮かんでくる感じです
パッ
あっ
だれ
!?
ゼッミョ〜にかわいくないゆるキャラ（99%非実在）
一瞬すぎて意味がわからないことが多い
ん
消え…
シュワワワ
袋麺が浮かんできたこともある
モヤ…
?
サッポ●一番…?
えんかくレイキ中
みそ味のビジョンだった…ちなみに私は塩派

●初出
『comicタント』vol.30〜42、44〜48
※本書は上記作品に加筆修正を加え、構成したものです。

スピリチュアル否定派の私が、旅に出てプロのヒーラーになった話。
〜修行編〜

2024年1月20日初版第一刷発行

原　作　英治《えいち》あかり
発行人　今 晴美
発行所　株式会社ぶんか社
〒102−8405　東京都千代田区一番町29−6
TEL 03-3222-5125（編集部）
TEL 03-3222-5115（出版営業部）
www.bunkasha.co.jp

装丁　山田知子（chichols）
印刷所　大日本印刷株式会社

ISBN978-4-8211-4664-2